Exu Tiriri

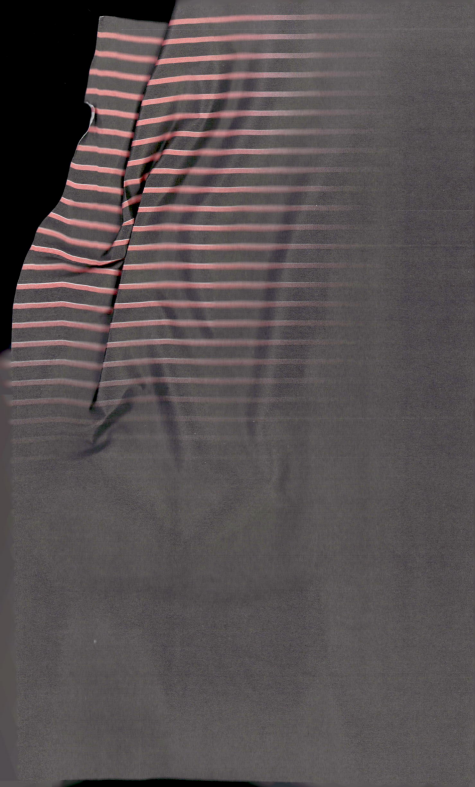

Ademir Barbosa Júnior
(Dermes)

LAROIÊ

Exu Tiriri

© 2014, Editora Anúbis

Revisão:
Tânia Hernandes

Projeto gráfico e capa:
Edinei Gonçalves

Dados Internacionais de Catalogação na Publicação (CIP)
(Câmara Brasileira do Livro, SP, Brasil)

Barbosa Júnior, Ademir
　Laroiê Exu Tiriri / Ademir Barbosa Júnior (Dermes). -- 1. ed.
-- São Paulo: Anúbis, 2014.

　Bibliografia.
　ISBN 978-85-67855-09-7

　1. Orixás 2. Umbanda (Culto) I. Título.

14-07668   CDD-299.6

Índices para catálogo sistemático:
1. Orixás : Culto : Religiões de origem
africana   299.6

São Paulo/SP – República Federativa do Brasil
Printed in Brazil – Impresso no Brasil

Este livro segue as novas regras do Acordo Ortográfico da Língua Portuguesa.

Os direitos de reprodução desta obra pertencem à Editora Anúbis. Portanto, não é permitida a reprodução total ou parcial desta obra, de qualquer forma ou por qualquer meio eletrônico, mecânico, inclusive por meio de processos xerográficos, incluindo ainda o uso da internet, sem a permissão expressa por escrito da Editora (Lei n.º 9.610, de 19.2.98).

Distribuição exclusiva
Aquaroli Books
Rua Curupá, 801 – Vila Formosa – São Paulo/SP
CEP 03355-010 – Tel.: (11) 2673-3599
atendimento@aquarolibooks.com.br

Para todos os Senhores Exus, Exus Mirins e as Senhoras Pombogiras.

Que este pequeno trabalho seja uma contribuição para dirimir as injustiças contra o importante trabalho executado por todos vós.

Agradeço, de modo especial, ao Sr. Exu Tiriri!

Laroiê!

Já bateu a meia-noite
Vamos ver quem vem aí
Pra firmar nossa corrente
Vem chegando o Tiriri

Axé!

Exu

Andando nas sombras, moço,
Eu te puxo pra luz.

Garanto pra ti:
O preto e o vermelho
Usados por mim
São tão necessários
Quanto o branco mais branco
Da Banda Maior.

Do que eu rio, moço?
Da ignorância daquele
Que nem sabe quem eu sou
E me chama de demo,
Sendo que o inferno
É o coração dele.

Eu rio daquele
Pra quem eu existo
E nega que eu existo.

Trabalho pra Lei,
Eu a faço cumprir
Mas quem fez a Lei
É Pai meu, é Pai seu, moço,
É Pai daquele
Que se diz que eu não existo,
Não pensa duas vezes
Em dizer que é sem Pai.

Ha Ha Ha!

Ademir Barbosa Júnior
(Dermes)

Sumário

Prece de Cáritas 11

Hino de Umbanda 13

Pai Nosso Umbandista 15

Credo Umbandista 17

Salmo 23 na Umbanda 19

Introdução 21

PARTE 1
Orixá Exu

Orixás 27

Exu 33

Algumas qualidades 37

Sincretismo 39

Exu e a tradição 45

Exu e o imaginário no cinema 67

PARTE 2
Exu na Umbanda

Esquerda 73

Tronqueira e Casa dos Exus 87

Pontos da natureza e de força 89

Ciganos na esquerda 93

PARTE 3
Exu Tiriri

Exu Tiriri. 97

Pontos cantados 101

Pontos riscados – Por que não reproduzi-los 105

Poema 107

Reflexões 109

Anexo. 111

Legislação 123

Bibliografia 125

O autor 135

Prece de Cáritas

DEUS, nosso Pai, que sois todo poder e bondade, dai força àquele que passa pela provação; dai a luz àquele que procura a verdade, pondo no coração do homem a compaixão e a caridade.

Deus, dai ao viajor a estrela guia; ao aflito, a consolação; ao doente, o repouso. Pai, dai ao culpado o arrependimento; ao espírito, a verdade; à criança, o guia; ao órfão, o pai.

Senhor, que a vossa bondade se estenda sobre tudo o que criaste.

Piedade, Senhor, para aqueles que não vos conhecem; esperança para aqueles que sofrem.

Que a vossa bondade permita aos espíritos consoladores derramarem por toda parte a paz, a esperança e a fé.

Deus, um raio, uma faísca do Vosso Amor pode abrasar a Terra.

Deixa-nos beber nas fontes dessa bondade fecunda e infinita e todas as lágrimas secarão, todas as dores acalmar-se-ão.

Um só coração, um só pensamento subirá até Vós como um grito de reconhecimento e amor.

Como Moisés sobre a montanha, nós Vos esperamos com os braços abertos.

Oh! Poder... Oh! Bondade... Oh! Beleza... Oh! Perfeição... E queremos de alguma sorte alcançar a Vossa Misericórdia.

Deus, dai-nos a força de ajudar o progresso a fim de subirmos até Vós.

Dai-nos a caridade pura; dai-nos a fé e a razão; dai-nos a simplicidade que fará de nossas almas o espelho onde deve refletir a Vossa Santa e Misericordiosa Imagem.

Hino de Umbanda

Refletiu a luz divina
em todo seu esplendor;
é do Reino de Oxalá
onde há Paz e Amor.

Luz que refletiu na terra,
luz que refletiu no mar,
luz que veio de Aruanda
para tudo iluminar.

A Umbanda é Paz e Amor,
é um mundo cheio de luz...
é a força que nos dá vida
e à grandeza nos conduz.

Avante, filhos de fé
como a nossa Lei não há...
levando ao mundo inteiro
a bandeira de Oxalá.

Pai Nosso Umbandista

Pai nosso que estás nos céus, nas matas, nos mares e em todos os mundos habitados.

Santificado seja o teu nome, pelos teus filhos, pela natureza, pelas águas, pela luz e pelo ar que respiramos.

Que o teu reino, reino do bem, do amor e da fraternidade, nos una a todos e a tudo que criaste, em torno da sagrada cruz, aos pés do Divino Salvador e Redentor.

Que a tua vontade nos conduza sempre para o culto do Amor e da Caridade.

Dá-nos hoje e sempre a vontade firme para sermos virtuosos e úteis aos nossos semelhantes.

Dá-nos hoje o pão do corpo, o fruto das matas e a água das fontes para o nosso sustento material e espiritual.

Perdoa, se merecermos, as nossas faltas e dá-nos o sublime sentimento do perdão para os que nos ofendem.

Não nos deixes sucumbir, ante a luta, dissabores, ingratidões, tentações dos maus espíritos e ilusões pecaminosas da matéria.

Envia, Pai, um raio de tua Divina complacência, Luz e Misericórdia para os teus filhos pecadores que aqui habitam, pelo bem da humanidade.

Que assim seja, em nome de Olorum, Oxalá e de todos os mensageiros da Luz Divina.

Credo Umbandista

Creio em Deus, onipotente e supremo.

Creio nos Orixás e nos Espíritos Divinos que nos trouxeram para a vida por vontade de Deus. Creio nas falanges espirituais, orientando os homens na vida terrena.

Creio na reencarnação das almas e na justiça divina, segundo a lei do retorno.

Creio na comunicação dos Guias Espirituais, encaminhando-nos para a caridade e para a prática do bem.

Creio na invocação, na prece e na oferenda, como atos de fé e creio na Umbanda, como religião redentora, capaz de nos levar pelo caminho da evolução até o nosso Pai Oxalá.

Salmo 23 na Umbanda

Oxalá é meu Pastor, nada me faltará.

Deitar-me faz nos verdes campos de Oxóssi.

Guia-me, Pai Ogum, mansamente nas águas tranquilas de Mãe Nanã Buruquê.

Refrigera minha alma meu Pai Obaluaê.

Guia-me, Mãe Iansã, pelas veredas da Justiça de Xangô.

Ainda que andasse pelo Vale das Sombras e da Morte de meu Pai Omulu, eu não temeria mal algum, porque Zambi está sempre comigo.

A tua vara e o teu cajado são meus guias na direita e na esquerda.

Consola-me, Mamãe Oxum.

Prepara uma mesa cheia de Vida perante mim, minha Mãe Iemanjá.

Exu e Pombagira, vos oferendo na presença de meus inimigos.

Unge a minha coroa com o óleo consagrado a Olorum, e o meu cálice, que é meu coração, transborda.

E certamente a bondade e a misericórdia de Oxalá estarão comigo por todos os dias.

E eu habitarei na casa dos Orixás, que é Aruanda, por longos dias!

Que assim seja!

SARAVÁ!

Introdução

Meus amigos:

Embora haja uma série de sítios na Internet com informações precisas e livros editados com cuidado e respeito, NADA substitui a vivência nos terreiros das chamadas religiões de matriz africana, o desenvolvimento mediúnico, a iniciação religiosa, a educação espiritual no segmento para o qual a razão e o sentimento nos impulsionam.

Infelizmente, também há uma profusão de informações desencontradas, mistificações diversas, marmotagens.

Como saber a diferença entre diversidade e pseudofundamento? A intuição e o coração amorosos são ótimos guias para as situações mais diversas: não há como errar. Por outro lado, para se trabalhar a mediunidade, em qualquer segmento, em especial nas religiões de matriz africana, é necessário ter orientação, conhecimento e disciplina.

Algo que seja bom para mim pode não ser para meu irmão, em virtude da natureza de sua coroa mediúnica. A forma como se trabalha numa casa é diferente da forma como se trabalha em outra e, misturando-se indistintamente as duas maneiras, pode haver um choque energético espiritual.

Este livro se propõe a apresentar um mosaico sobre o Orixá Exu, os Guardiões (Exus e Pombogiras) e o Exu Tiriri.

Escrever sobre Exu e a Esquerda é falar de energia, potência, força, proteção, serviço, fidelidade, dedicação e fé.

Que nos protejam sempre, para que possamos passar por todos os caminhos e encruzilhadas, aprendendo as lições de amor e de dor.

Agradeço a Deus, aos Sagrados Orixás, aos Guias e Guardiões; ao Caboclo Pena Branca, por me mostrar um lindo caminho, e à Babá Paula e à Mãe Pequena e minha "Madlinha" Vânia, que sempre me auxiliaram a trilhá-lo; à Babá e também minha Madrinha Marissol Nascimento, presidente da Federação de Umbanda e Candomblé Mãe Senhora Aparecida, pela confiança e pelo amor; a todos os irmãos da Tenda de Umbanda Caboclo Pena Branca e Mãe Nossa Senhora Aparecida, casa onde minha mediunidade foi formatizada; a Iya Senzaruban, dirigente do Ilê Iya Tunde, casa por onde passei, há alguns anos, onde me tornei Ogã de Oxum, com muito amor; a Sávio Gonçalves, irmão de Mucuiú, irmão de Saravá; a todos os terreiros por onde passei e passo (assistência, desenvolvimento, bate-papos, workshops, momentos de autógrafos e outros), a meus pais Ademir e Laís; à minha irmã Arianna; à querida Tia Nair Barbosa, dirigente espiritual do antigo Terreiro Caboclo Sete Flechas (Rua Almirante Barroso), de Piracicaba, aonde eu ia pequenininho (a primeira vez que vi o mar foi numa festa de Iemanjá, com o povo dessa casa) e à querida amiga Norma Cardins, uma das responsáveis pela criação do Memorial de Mãe Menininha, no Gantois, e uma de minhas cicerones pelas ruas de Salvador, BA, em muitas de minhas passagens e estadas naquela que é uma de minhas cidades no mundo.

Axé!

Ademir Barbosa Júnior
(Dermes)

O mal nunca vence o bem porque não tem um coordenador, tem vários.

E onde existem vários, todos querem mandar; portanto...

(De um Exu, citado por Rivas Neto em seu livro
Exu: o Grande Arcano)

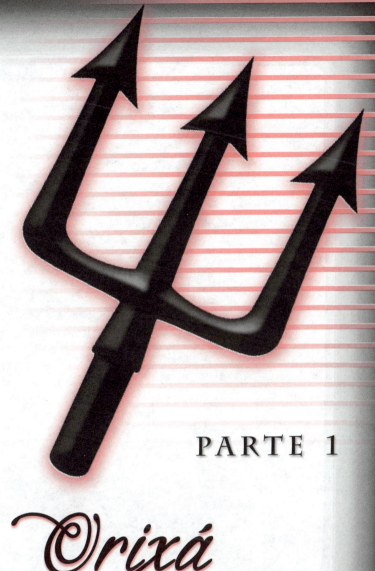

PARTE 1

Orixá Exu

Orixás

A fim de não estender muito o possível debate dialógico, este capítulo procurará apresentar uma visão geral dos Orixás sem alongar-se nas diferenças de conceitos entre Candomblé e Umbanda.

Etimologicamente e em tradução livre, Orixá significa "a divindade que habita a cabeça": em iorubá, "ori" é cabeça, enquanto "xá" quer dizer rei, divindade. Esse nome é associado comumente ao diversificado panteão africano, trazido à América pelos negros escravos. A Umbanda Esotérica, por sua vez, reconhece no vocábulo Orixá a corruptela de "Purushá", significando "Luz do Senhor" ou "Mensageiro do Senhor".

Cada Orixá relaciona-se a pontos específicos da natureza, os quais são também pontos de força de sua atuação. O mesmo vale para os chamados quatro elementos: fogo, terra, ar e água.

Portanto, os Orixás são agentes divinos, verdadeiros ministros da Divindade Suprema (Deus, Princípio Primeiro, Causa Primeira etc.), presentes nas mais diversas culturas e tradições espirituais/religiosas, com nomes e cultos diversos, como os Devas indianos.

Visto que o ser humano e seu corpo estão em estreita relação com o ambiente (O corpo humano em funcionamento contém em si água, ar, componentes associados a terra, além de calor, relacionado ao fogo.), seu Orixá pessoal tratará de cuidar para que essa relação seja a mais equilibrada possível.

Tal Orixá, Pai ou Mãe de Cabeça, é conhecido comumente como Eledá e será responsável pelas características físicas, emocionais, espirituais etc. de seu filho, de modo a espelhar nele os arquétipos de suas características, encontrados nos mais diversos mitos e lendas dos Orixás. Auxiliarão o Eledá nessa tarefa outros Orixás, conhecidos como Juntós, ou Adjuntós, conforme a ordem de influência, e ainda outros.

Na chamada "coroa de um médium de Umbanda" ainda aparecem os Guias e as Entidades, em trama e enredo bastante diversificados. Embora, por exemplo, geralmente se apresente para cada médium um Preto-Velho, há outros que o auxiliam, e esse mesmo Preto-Velho poderá, por razões diversas, dentre elas missão cumprida, deixar seu médium e partir para outras missões, inclusive em outros planos.

De modo geral, a Umbanda não considera os Orixás que descem ao terreiro como energias e/ou forças supremas desprovidas de inteligência e individualidade.

Para os africanos, e tal conceito reverbera fortemente no Candomblé, Orixás são ancestrais divinizados, que incorporam conforme a ancestralidade, as afinidades e a coroa de cada médium.

No Brasil, teriam sido confundidos com os chamados Imolês, isto é, Divindades Criadoras, acima das quais aparece um único Deus: Olorum ou Zâmbi.

Na linguagem e concepção umbandistas, portanto, quem incorpora numa gira de Umbanda não são os Orixás propriamente ditos, mas seus falangeiros, em nome dos próprios Orixás.

Tal concepção está de acordo com o conceito de ancestral (espírito) divinizado (e/ou evoluído) vivenciado pelos africanos que para cá foram trazidos como escravos.

Mesmo que essa visão não seja consensual (Há quem defenda que tais Orixás já encarnaram, enquanto outros segmentos umbandistas – a maioria, diga-se de passagem – rejeitam esse conceito.), ao menos se admite no meio umbandista que o Orixá que incorpora possui um grau adequado de adaptação à energia dos encarnados, o que seria incompatível para os Orixás hierarquicamente superiores.

Na pesquisa feita por Miriam de Oxalá a respeito da ancestralidade e da divinização de ancestrais, aparece, dentre outras fontes, a célebre pesquisadora Olga Guidolle Cacciatore, para quem,

> [...] os Orixás são intermediários entre Olórun, ou melhor, entre seu representante (e filho) Oxalá e os homens. Muitos deles são antigos reis, rainhas ou heróis divinizados, os quais representam as vibrações das forças elementares da Natureza – raios, trovões, ventos, tempestades, água, fenômenos naturais como o arco-íris, atividades econômicas primordiais do homem primitivo – caça, agricultura – ou minerais, como o ferro que tanto serviu a essas atividades de sobrevivência, assim como às de extermínio na guerra. [...]

Entretanto, e como o tema está sempre aberto ao diálogo, à pesquisa, ao registro de impressões, conforme observa o médium umbandista e escritor Norberto Peixoto, é possível incorporar a forma-pensamento de um Orixá, a qual é plasmada e mantida pelas mentes dos encarnados. Em suas palavras,

[...] era dia de sessão de preto(a) velho(a). Estávamos na abertura dos trabalhos, na hora da defumação. O congá 'repentinamente' ficou vibrado com o orixá Nanã, que é considerada a mãe maior dos orixás e o seu axé (força) é um dos sustentadores da egrégora da Casa desde a sua fundação, formando par com Oxóssi. Faltavam poucos dias para o amaci (ritual de lavagem da cabeça com ervas maceradas), que tem por finalidade fortalecer a ligação dos médiuns com os orixás regentes e guias espirituais. Pedi um ponto cantado de Nanã Buruquê, antes dos cânticos habituais.

Fiquei envolvido com uma energia lenta, mas firme. Fui transportado mentalmente para a beira de um lago lindíssimo e o orixá Nanã me 'ocupou', como se entrasse em meu corpo astral ou se interpenetrasse com ele, havendo uma incorporação total. (...) Vou explicar com sinceridade e sem nenhuma comparação, como tanto vemos por aí, como se a manifestação de um ou outro (dos espíritos na umbanda versus dos orixás em outros cultos) fosse mais ou menos superior, conforme o pertencimento de quem os compara a uma ou outra religião.

A 'entidade' parecia um 'robô', um autômato sem pensamento contínuo, levado pelo som e pelos gestos. Sem dúvida, houve uma intensa movimentação de energia benfeitora, mas durante a manifestação do orixá minha cabeça ficou mentalmente vazia, como se nenhuma outra mente ocupasse o corpo energético do orixá que dançava, o que acabei sabendo depois tratar-se de uma forma-pensamento plasmada e mantida 'viva' pelas mentes dos encarnados.

No cotidiano dos terreiros, por vezes o vocábulo Orixá é utilizado também para Guias. Nessas casas, por exemplo, é comum ouvir alguém dizer antes de uma gira de Pretos-Velhos: "Precisamos preparar mais banquinhos, pois hoje temos muitos médiuns e, portanto, aumentará o número de Orixás em Terra.".

Na compreensão das relações entre os Orixás, as leituras são múltiplas: há, por exemplo, quem considere Inlé e Ibualama Orixás independentes, enquanto outros os associam como qualidades de Oxóssi. Algo semelhante ocorre, dentre outros, com Airá, ora visto como qualidade de Xangô, ora como Orixá a ele associado, e com Aroni, a serviço de Ossaim, ou seu mentor, ou o próprio Ossaim.

Com características muito semelhantes, na tradição Angola cada Orixá é chamado de Inquice. No Candomblé Jeje, Vodum.

Em África eram conhecidos e cultuados centenas de Orixás.

Exu

Conhecido pelos Fons como Legba ou Legbara, o Exu iorubano é Orixá bastante controvertido e de difícil compreensão, o que, certamente, o levou a ser identificado com o Diabo cristão.

Responsável pelo transporte das oferendas aos Orixás e também pela comunicação dos mesmos, é, portanto, seu intermediário. Como reza o antigo provérbio: "Sem Exu não se faz nada.".

Seu arquétipo é o daquele que questiona as regras, para quem nem sempre o certo é certo, ou o errado, errado.

Assemelha-se bastante ao Trickster dos indígenas norte-americanos. Seus altares e símbolos são fálicos, pois representa a energia criadora e o vigor da sexualidade.

Responsável por vigiar e guardar as passagens, é aquele que abre e fecha os caminhos. Ajuda a encontrar meios para o progresso além da segurança do lar e protege contra os mais diversos perigos e inimigos.

De modo geral, o Orixá Exu não é diretamente cultuado na Umbanda, mas sim os Guardiões (Exus) e Guardiãs (Pombogiras).

Os Inquices são divindades dos cultos de origem banta. Correspondem aos Orixás iorubanos e da Nação Ketu. Dessa forma, por paralelismo, os Inquices, em conversas do povo-de-santo aparecem como sinônimos de Orixás.

Também entre o povo-de-santo, o termo Inquice é utilizado, geralmente é para se fazer referência aos Inquices masculinos, ao passo que Inquice Amê diz respeito aos Inquices femininos.

O vocábulo Inquice vem do quimbundo *Nksi* (plural: *Mikisi*), significando "Energia Divina".

Aluvaiá, Bombo Njila ou Pambu Njila: Inquice correspondente a Exu.

Vodum é divindade do povo Fon (antigo Daomé). Este termo refere-se tanto aos ancestrais míticos quanto aos ancestrais históricos. No cotidiano dos terreiros, por paralelismo, o vocábulo é empregado também como sinônimo de Orixá, pois é bastante evidente a semelhança de características entre os mais conhecidos Orixás, Inquices e Voduns.

"Vodum" é a forma aportuguesada de "vôdoun".

As principais famílias de voduns na África são:

Ji-vodun	Voduns do alto, que são chefiados por Sô (Heviossô).
Ayi-vodun	Voduns da terra, que são chefiados por Sakpatá.
Tô-vodun	Voduns próprios de determinada localidade. Diversos.
Henu-vodun	Voduns cultuados por certos clãs que se consideram seus descendentes. Diversos.

Mawu (gênero feminino) é o Ser Supremo dos povos Ewe e Fon, que criou a Terra, os seres vivos e os voduns. Mawu

associa-se a Lissá (gênero masculino), também responsável pela criação, e os voduns são filhos e descendentes de ambos. A divindade dupla Mawu-Lissá é chamada de Dadá Segbô (Grande Pai Espírito Vital).

Legba é o Vodum que corresponde a Exu.

Oxalá

No xirê do Candomblé, traduzindo sua teologia e espiritualidade, vai-se de Exu a Oxalá. Assim como Exu, Oxalá é o único orixá que reside em todos os seres humanos.

Orixá maior, responsável pela criação do mundo e do homem. Pai de todos os demais Orixás, Oxalá (Orinxalá ou Obatalá) foi quem deu ao homem o livre-arbítrio para trilhar seu próprio caminho.

Possui duas qualidades básicas: Oxalufã (o Oxalá velho) e Oxaguiã (o Oxalá novo). Enquanto o primeiro é sincretizado com Deus Pai cristão, o segundo encontra correspondência com Jesus Cristo e, de modo especial, com Nosso Senhor do Bonfim. Também há uma correlação entre Oxalá e Jesus menino, daí a importância especial da festa do Natal para algumas casas.

Oxalá representa a sabedoria, a serenidade, a pureza do branco (o funfun), o respeito.

Características

Animais:	caramujo e pombo branco.
Bebida:	água e água de coco.
Chacra:	coronário.

Características

Cor:	branca.
Comemoração:	Festa do Senhor do Bonfim.
Comidas:	canjica talvez seja sua comida mais conhecida; arroz-doce.
Contas:	brancas leitosas.
Corpo humano e saúde:	todo o corpo, em especial o aspecto psíquico.
Dias da semana:	sexta-feira e domingo.
Elemento:	ar.
Elementos incompatíveis:	bebida alcoólica, dendê, sal, cor vermelha.
Ervas:	a mais conhecida talvez seja o tapete-de-oxalá (boldo).
Essências:	aloés, laranjeira e lírio.
Flores:	brancas, especialmente o lírio.
Metal:	ouro (para alguns, prata).
Pedras:	brilhante, cristal de rocha, quartzo leitoso.
Planeta:	Sol.
Pontos da natureza:	praia deserta ou colina descampada.
Saudação:	Epa Babá! (Salve Oxalá!)
Símbolo:	opaxorô (cajado metálico de Oxalufá, com discos prateados paralelos em cujas bordas são colocados pequenos objetos simbólicos).
Sincretismo:	Deus Pai, Jesus Cristo (em especial, Senhor do Bonfim).

Algumas qualidades

Qualidades são tipos ou caminhos de determinado Orixá. São diversas as qualidades, com variações de fundamentos, nações, casas, representações, entre Umbanda e Candomblé etc.

Enquanto, por exemplo, Iansã Topé caminha com Exu, Iansã Igbale caminha com Obaluaê. Xangô Airá, por sua vez, caminha com Oxalá.

Como são diversas as qualidades e variações, neste trabalho, optou-se por, em vez de se apresentarem qualidades do Orixá Exu, que merecem estudo mais detalhado, listar-se a Linha dos Exus como é mais conhecida na Umbanda. De qualquer maneira, os chamados 16 múltiplos de Exu, elencados e descritos pela equipe de Candomblé Wordpress, são assim divididos:

- **Exú Yangui:** Exu da laterita vermelha; Imolê (divindade ligada á criação); também ligado a grandes e antigas sacerdotisas do Orixá Oxum.
- **Exú Agbà:** O Exu Ancestral.
- **Exú Igbá ketá:** Exu da chamada terceira cabaça.
- **Exú Okòtò:** Exu do infinito, do caracol.
- **Exú Oba Babá Exú:** Rei e pai de todos os Exus.

- **Exú Odàrà:** Senhor da felicidade e ligado a Oxalá.
- **Exú Òsíjè:** Mensageiro divino.
- **Exú Elérù:** Senhor do carrego ritual.
- **Exú Enú Gbáríjo:** Boca coletiva dos Orixás.
- **Exú Elegbárà:** Senhor do poder mágico.
- **Exú Bárà:** Senhor do corpo.
- **Exú L'Onan:** Senhor dos caminhos.
- **Exú Ol'Obé:** Senhor da faca.
- **Exú El'Ébo:** Senhor das oferendas.
- **Exú Alàfiá:** Cuida da satisfação pessoal.
- **Exú Oduso:** Vigia os Odus.

Sincretismo

(...)
Quando os povos d'África chegaram aqui
Não tinham liberdade de religião.
Adotaram o Senhor do Bonfim:
Tanto resistência, quanto rendição.

Quando, hoje, alguns preferem condenar
O sincretismo e a miscigenação,
Parece que o fazem por ignorar
Os modos caprichosos da paixão.

Paixão que habita o coração da natureza-mãe
E que desloca a história em suas mutações,
Que explica o fato de Branca de Neve amar
Não a um, mas a todos os Sete Anões.
(...)

(Gilberto Gil)

A senzala foi um agregador do povo africano. Escravos muitas vezes apartados de suas famílias e divididos propositadamente em grupos culturais e linguisticamente diferentes — por vezes antagônicos, para evitar rebeliões —, organizaram-se de modo a criar uma pequena África, o que posteriormente se refletiu nos terreiros de Candomblé, onde Orixás procedentes de regiões e clãs diversos passaram a ser cultuados numa mesma casa religiosa.

Entretanto, o culto aos Orixás era velado, uma vez que a elite branca católica considerava as expressões de espiritualidade e fé dos africanos e seus descendentes como associada ao mal, ao Diabo cristão, caracterizando-a pejorativamente de primitiva.

Para manter sua liberdade de culto, ainda que restrita ao ambiente da senzala, ou, de modo escondido, nos pontos de força da natureza ligados a cada Orixá, os escravizados recorreram ao sincretismo religioso, associando cada Orixá a um santo católico. Tal associação também apresenta caráter plural e continuou ao longo dos séculos, daí a diversidade de associações sincréticas.

Hoje, por um lado, há um movimento de "reafricanização" do Candomblé, dissociando os Orixás dos santos católicos; por outro lado, muitas casas ainda mantêm o sincretismo, e muitos zeladores-de-santo declaram-se católicos.

No caso da Umbanda, algumas casas, por exemplo, não se utilizam de imagens de santos católicos, representando os Orixás em sua materialidade por meio dos otás, entretanto, a maioria ainda se vale de imagens católicas, entendendo o sincretismo como ponto de convergência de diversas matrizes espirituais.

De certa forma, o sincretismo também foi chancelado pelo fato de popularmente Orixá passar a ser conhecido como "Santo" (Orixá de energia masculina/pai/aborô.) ou "Santa" (Orixá de energia feminina/mãe/iabá.), o que reforça a associação e correspondência com os santos católicos, seres humanos que, conforme a doutrina e os dogmas católicos, teriam se destacado por sua fé ou seu comportamento.

Energia masculina e energia feminina de cada Orixá não têm necessariamente relação com gênero e sexualidade tal qual conhecemos e vivenciamos, tanto que, em Cuba, Xangô é sincretizado com Santa Bárbara.

Ainda sobre o vocábulo "Santo" como sinônimo de Orixá, as traduções mais próximas para os termos *babalóòrisá* e *ìyálorìsa* seriam pai ou mãe-**no**-santo, contudo o uso popular consagrou pai ou mãe-**de**-santo. Para evitar equívocos conceituais e/ou teológicos, alguns sacerdotes utilizam-se do termo zelador ou zeladora-de-santo.

Em célebre entrevista concedida ao jornal *A Tarde* (Salvador, BA), em 24 de junho de 2001, o zelador-de-santo Agenor Miranda trata de diversos temas que apareceram em entrevistas anteriores.

Duas perguntas tratam de sincretismo e devoção a santos católicos. As mesmas declarações a respeito do sincretismo no Candomblé poderiam, certamente, ser aplicadas ao sincretismo na Umbanda.

P – Na Bahia do Senhor do Bonfim, o sincretismo religioso está muito presente. Qual a sua opinião sobre o sincretismo, considerando que o senhor é um zelador-de-santo, filho de pais católicos?

R – Não há crime nenhum no sincretismo, porque, se não fosse o sincretismo, não haveria candomblé hoje. Essa é que é a verdade. As mães-de-santo e os pais-de-santo não querem o sincretismo. Mas tem que haver. Se não fosse o sincretismo, como é que o candomblé iria sobreviver até hoje? Teria morrido. Agora, eles não gostam quando eu falo isso. Mas eu falo o que sinto. Não falo pelos outros, falo por mim.

P – O senhor é devoto de Santo Antônio e de São Francisco de Assis e vai sempre à cidade de Assis, na Itália, venerar São Francisco. Como é que o senhor lida com isso dentro do candomblé? Existe preconceito?

R – Se há preconceitos, é com eles. Eu sou eu. Nunca tive conflito. E, agora, tem mais uma coisa: eu sou do santo, católico e espírita. Assim como na família: nem todos são iguais, mas convivem bem. Não é isso? É uma questão de fé.

Não apenas o sincretismo, mas também a convivência, nem sempre pacífica, é verdade, entre religiões em solo e corações brasileiros. A partir da entrevista de Agenor Miranda, evocam, ainda, os seguintes versos de Zeca Pagodinho ("Ogum"):

> *(...)*
> *Sim, vou à igreja festejar meu protetor*
> *E agradecer por eu ser mais um vencedor*
> *Nas lutas, nas batalhas.*
> *Sim, vou ao terreiro pra bater o meu tambor*
> *Bato cabeça firmo ponto sim senhor*
> *Eu canto pra Ogum*
> *(...)*

A espiritualidade do povo brasileiro é bastante dialógica, sincrética e dinâmica.

Principal forma de sincretismo com Exu:

SANTO ANTÔNIO DE PÁDUA OU DE LISBOA (13 de junho) – Talvez a associação de Exu com o franciscano do século XIII seja porque o mesmo foi canonizado no dia de Pentecostes, ao qual se associam línguas de fogo descendo do céu, sendo

o fogo o elemento do Orixá Exu. Certamente a associação se dá porque Antônio era missionário, peregrino, caminhando sempre.

As religiões de matriz africana se negam a considerar sincretismo religioso a associação entre Exu e o chamado Diabo cristão ou qualquer congênere.

Exu e a tradição

Itãs

A oralidade é bastante privilegiada no Candomblé, tanto para a transmissão de conhecimentos e segredos (os awós) quanto para a aprendizagem de textos ritualísticos. Nesse contexto, entre cantigas e rezas, que recebem nomes diversos conforme a Nação, destacam-se os itãs e os orikis.

Itãs são relatos míticos da tradição iorubá, notadamente associados aos 256 odus (16 odus principais X 16).

Conforme a tradição afro-brasileira, cada ser humano é ligado diretamente a um Odu, que lhe indica seu Orixá individual, bem como sua identidade mais profunda. Variações à parte (Nações, casas etc.), os dezesseis Odus principais são assim distribuídos:

Caídas	Odus	Regências
01 búzio aberto e 15 búzios fechados	Okanran	Fala: Exu Acompanham: Xangô e Ogum
02 búzios abertos e 14 búzios fechados	Eji-Okô	Fala: Ibejis Acompanham: Oxóssi e Exu

Caídas	Odus	Regências
03 búzios abertos e 13 búzios fechados	Etá-Ogundá	Fala: Ogum
04 búzios abertos e 12 búzios fechados	Irosun	Fala: Iemanjá Acompanham: Ibejis, Xangô e Oxóssi
05 búzios abertos e 11 búzios fechados	Oxé	Fala: Oxum Acompanha: Exu
06 búzios abertos e 10 búzios fechados	Obará	Fala: Oxóssi Acompanham: Xangô, Oxum, Exu
07 búzios abertos e 09 búzios fechados	Odi	Fala: Omulu/Obaluaê Acompanham: Iemanjá, Ogum, Exu e Oxum
08 búzios abertos e 08 búzios fechados	Eji-Onilé	Fala: Oxaguiã
09 búzios abertos e 07 búzios fechados	Ossá	Fala: Iansã Acompanham: Iemanjá, Obá e Ogum
10 búzios abertos e 06 búzios fechados	Ofun	Fala: Oxalufá Acompanham: Iansã e Oxum
11 búzios abertos e 05 búzios fechados	Owanrin	Fala: Oxumarê Acompanham: Xangô, Iansã e Exu
12 búzios abertos e 04 búzios fechados	Eji-Laxeborá	Fala: Xangô
13 búzios abertos e 03 búzios fechados	Eji-Ologbon	Fala: Nanã Buruquê Acompanha: Omulu/Obaluaê

Caídas	Odus	Regências
14 búzios abertos e 02 búzios fechados	Iká-Ori	Fala: Ossaim Acompanham: Oxóssi, Ogum e Exu
15 búzios abertos e 01 búzio fechado	Ogbé-Ogundá	Fala: Obá
16 búzios abertos	Alafiá	Fala: Orumilá

O vocábulo "itã" quase não é empregado na Umbanda, contudo os relatos míticos/mitológicos se disseminam com variações, adaptações etc.

Uma das características da Espiritualidade do Terceiro Milênio é a (re)leitura e a compreensão do simbólico. Muitos devem se perguntar como os Orixás podem ser tão violentos, irresponsáveis e mesquinhos, como nas histórias aqui apresentadas.

Com todo respeito aos que creem nesses relatos ao pé da letra, as narrativas são caminhos simbólicos riquíssimos encontrados para tratar das energias de cada Orixá e de valores pessoais e coletivos. Ao longo do tempo puderam ser ouvidas e lidas como índices religiosos, culturais, pistas psicanalíticas, oralitura e literatura.

Para vivenciar a espiritualidade das religiões de matriz africana de maneira plena, é preciso distinguir a letra e o espírito, não apenas no tocante aos mitos e às lendas dos Orixás, mas também aos pontos cantados, aos orikis etc.

Quando se desconsidera esse aspecto, existe a tendência de se desvalorizar o diálogo ecumênico e inter-religioso, assim como a vivência pessoal da fé. O simbólico é um grande instrumento para a reforma íntima, o autoaperfeiçoamento, a evolução.

Ressignificar esses símbolos, seja à luz da fé ou da cultura, é valorizá-los ainda mais, em sua profundidade e também em sua superfície, ou seja, em relação ao espírito e ao corpo, à transcendência e ao cotidiano, uma vez que tais elementos se complementam.

Um ouvinte/leitor mais atento à interpretação arquetípica psicológica (ou psicanalista) certamente se encantará com as camadas interpretativas da versão apresentada para o relato do ciúme que envolve Obá e Oxum em relação ao marido, Xangô.

Os elementos falam por si: Oxum simula cortar as duas orelhas para agradar ao marido; Obá, apenas uma. O ciúme, como forma de apego, é uma demonstração de afeto distorcida unilateral, embora, geralmente, se reproduza no outro, simbioticamente, pela lei de atração dos semelhantes, segundo a qual não há verdugo e vítima, mas cúmplices, muitas vezes inconscientes.

A porção mutilada do ser é a orelha, que na abordagem holística, associa-se ao órgão sexual feminino, ao aspecto do côncavo, e não do convexo. Aliás, *auricula* (*orelha*, em latim) significa, literalmente, *pequena vagina*. O fato de não haver relação direta entre latim e iorubá apenas reforça que o inconsciente coletivo e a sabedoria ancestral são comuns a todos e independem de tempo e espaço.

> Exu vagava pelo mundo, sem destino, sem se fixar em lugar algum ou exercer alguma profissão. Simplesmente ia de um canto a outro. Um dia começou a ir à casa de Oxalá, onde passava o tempo a observar o velho Orixá a fabricar os seres humanos.

Outros visitavam Oxalá, ficavam alguns dias, mas nada aprendiam, apenas admiravam a obra de Oxalá, entregando-lhe oferendas. Por sua vez, Exu ficou dezesseis anos na casa de Oxalá, ajudando e aprendendo como se fabricavam os humanos, observando, atento, sem nada perguntar.

Como o número de humanos para fazer só aumentava, Oxalá pediu a Exu para ficar na encruzilhada por onde passavam os visitantes, não permitindo que passassem os que nada trouxessem ao velho Orixá. Exu, então, recolhia as oferendas e entregava a Oxalá, que resolveu recompensá-lo, de modo que todo visitante deveria também deixar algo para Exu.

Exu se fixou de vez como guardião de Oxalá, fez sua casa na encruzilhada e prosperou.

Certa vez, Aganju, ao atravessar um rio, viu uma linda mulher que se banhava nas águas.

Era Oxum.

Fez-lhe a corte, contudo Oxum o desprezou.

Então, Aganju tentou violentá-la.

Das águas surgiu um pequeno ser, Eleguá, para defender Oxum, que, rindo, explicou a Aganju que Eleguá a queria como mãe. De pronto, estabeleceu-se uma amizade entre todos.

Aganju convidou os dois para irem à sua casa. Ambos aceitaram.

Lá chegando, porém, Eleguá recusou-se a entrar, ficando à porta.

Tornou-se guardião da casa.

E, assim, tornou-se também o primeiro a comer.

Exu, o guardião e o primeiro a receber homenagens, não por ser maior que os demais Orixás, mas por estar no externo e, portanto, guardar o interno.

> *Certa vez mandaram Exu preparar um ebó (oferenda) para se conseguir fortuna rapidamente. Depois de tê-lo preparado, Exu foi para Ijebu, contudo não se hospedou na casa do governante local, segundo a tradição, mas na casa de um homem muito importante.*
>
> *Pela madrugada, todos dormindo, Exu se levantou e fingiu ir até o quintal para urinar. Então, pôs fogo nas palhas que cobriam a casa e passou a gritar, dizendo que perdia uma fortuna imensa que estava dentro de uma talha que entregara ao dono da casa para guardar.*
>
> *Tudo foi consumido pelo fogo.*
>
> *Uma multidão acorria e ouvia a história de Exu. Até mesmo o governante local acorreu.*
>
> *Para que um estrangeiro não fosse prejudicado, o chefe local resolveu pagar a Exu o valor que ele afirmava ter perdido no incêndio. Contudo, na aldeia, não havia dinheiro suficiente para tanto.*
>
> *Para compensar Exu, o rei decidiu, então, proclamá-lo rei de Ijebu. E todos se tornaram seus súditos.*

Até hoje há grande dificuldade para o mundo industrializado compreender o controvertido e o contraditório em Exu, em cujos relatos nem sempre o bom é totalmente bom e o mau é totalmente mau, havendo uma busca pelo equilíbrio cósmico.

Certamente por essa dificuldade e pelas representações e cultos a Exu em África contribuíram para que, preconceituosamente, o Orixá fosse associado ao Diabo hebraico-cristão.

Orikis

Na definição de Nei Lopes, em *Enciclopédia Brasileira da Diáspora Africana*, **oriki** é:

> *Espécie de salmo ou cântico de louvor da tradição iorubá, usualmente declamado ao ritmo de um tambor, composto para ressaltar atributos e realizações de um orixá, um indivíduo, uma família ou uma cidade.*

Enquanto gênero, o oriki é constantemente trazido da oralitura para a literatura, sofrendo diversas alterações. Uma delas é o chamado orikai, termo cunhado por Arnaldo Xavier, citado por Antonio Risério:

> *[...] para haicai (Poema de origem japonesa com características próprias, porém também com uma série de adaptações formais específicas à poesia de cada país.) que se apresente com oriki (Especialmente no que tange ao louvor e à ressignificação de atributos dos Orixás.).*

O oriki seguinte é uma transcrição do iorubá para o português feita por Antonio Risério.

Oriki de Exu 2 (fragmento)

Lagunã incita e incendeia a savana.
Cega o olho do sogro com uma pedrada.
Cheio de orgulho e de charme ele marcha.
Quente quente é a morte do delinquente.

Exu não admite que o mercado se agite
Antes que anoiteça.
Exu não deixa a rainha cobrir o corpo nu.
Exu se faz mestre das caravanas do mercado.
Assoa – e todos acham
Que o barco vai partir.
Passageiros se preparam depressa.
Exu Melekê fica na frente.
O desordeiro está de volta.

(...)

Sua mãe o pariu na volta do mercado.
De longe ele seca a árvore do enxerto.
Ele passeia da colina até a casa.
Faz cabeça de cobra assoviar.
Anda pelos campos, anda entre os ebós.
Atirando uma pedra hoje,
Mata um pássaro ontem.

Andarilho, livre, controvertido, senhor do mercado, cujas razões e motivações ele conhece plenamente, não estando preso ao tempo e ao espaço, como demonstram, sobretudo, os últimos dois versos.

Pontos cantados

Na Umbanda, os pontos cantados são alguns dos responsáveis pela manutenção da vibração das giras e de outros trabalhos.

Verdadeiros mantras, os pontos cantados mobilizam forças da natureza, atraem determinadas vibrações, Orixás, Guias e Entidades.

Com diversidade, o ponto cantado impregna o ambiente de determinadas energias enquanto o libera de outras finalidades, representa imagens e traduz sentimentos ligados a cada vibração, variando de Orixá para Orixá, Linha para Linha, circunstância para circunstância etc. Aliado ao toque e às palmas, o ponto cantado é um fundamento bastante importante na Umbanda e em seus rituais.

Em linhas gerais, dividem-se em pontos de raiz, trazidos pela Espiritualidade, e terrenos, elaborados por encarnados e apresentados à Espiritualidade, que os ratifica.

Há pontos cantados que migraram para a Música Popular Brasileira (MPB) e canções de MPB que são utilizadas como pontos cantados em muitos templos.

Exemplos de pontos cantados dedicados a Exu:

Exu fez uma casa
sem porta
e sem janela

Exu fez uma casa
sem porta
e sem janela

*Ainda não achou
um morador
pra morar nela*

*Portão de ferro, cadeado de madeira
Portão de ferro, cadeado de madeira
Quem é que está na gira, é Seu João Caveira
Quem é que está na gira, é Seu João Caveira*

Esses dois pontos lembram bastante a tradição Zen dos koans, textos meditativos que fogem à lógica e favorecem a chamada iluminação.

Símbolos

Quando se tratam de Orixás, símbolos não são apenas símbolos. Por exemplo, o símbolo de um Orixá num ponto riscado abre dimensões para o trabalho espiritual.

O mesmo se dá com as ferramentas de Orixás: quando um Orixá dança num barracão e utiliza sua ferramenta, estão sendo cortadas energias deletérias e disseminados os Axés dos Orixás.

Tridente

Representa caminhos, direções.

Ogó

Bastão fálico de Exu, representando a fertilidade (masculina, yang).

Saudação

Laroiê! Significa "Salve Mensageiro (ou Pombogira)!"

Laroiê, Exu, Exu Mojubá! "Salve Mensageiro (ou Pombogira)! Eu o(a) saúdo!"

Dia da semana

Segunda-feira. Em algumas casas religiosas, sexta-feira.

Tarô

No *Tarô dos Orixás* de Eneida Duarte Gaspar, Exu corresponde ao Diabo (lâmina XV) do Tarô de Marselha. Em qualquer Tarô, é importante que se diga, *o Diabo* aparece como arquétipo, arcano, e não como representação do mal.

- Significado básico da carta *O Diabo*: Estagnação. Frustração. Sensação de barreira instransponível.
- Significado básico oposto da carta O Diabo: Não há.

No *Tarô dos Orixás*, conforme a própria Eneida Duarte Gaspar,

> *[...] Como Exu, o Diabo é um mensageiro do fogo dos deuses e das forças criadoras e destruidoras. (...) a paixão é um elemento essencial da vida, mas quem se deixa cegar por ela pode ser destruído. (pp. 15-16)*

Obviamente as lâminas ou cartas apresentam-se com significado mais profundo durante a leitura, em especial conforme a posição que assumem no jogo e com relação às outras cartas.

Há posições, em jogadas, por exemplo, em que a carta *O Diabo* apresenta aspectos não necessariamente negativos.

Cores

Exu é representado pelo preto e vermelho, sobretudo na Umbanda; já no Candomblé predomina o vermelho, embora o preto também apareça, em virtude das vibrações e regiões com as quais Exu trabalha, bem como com suas áreas de atuação.

Planeta

Nem todo astro, segundo a Astronomia, é planeta; contudo essa é a terminologia mais comum nos estudos espiritualistas, esotéricos etc.

O planeta associado a Exu é Mercúrio.

Conforme o *Dicionário de Símbolos*,

> [...] Vizinho mais próximo do Sol, Mercúrio é o planeta mais rápido, de cabriolagens incessantes. Mercúrio, o deus da mitologia, diligente e provido de asas nos pés, tinha o ofício de mensageiro do Olimpo (v. Hermes). Vale dizer que Mercúrio é essencialmente um princípio de ligação, de intercâmbios, de movimento e adaptação. (p. 606)

Corpo humano e chacras

Por serem ecológicas, as religiões de mátria africana visam ao equilíbrio do trinômio corpo, mente e espírito (holismo); isto é, a saúde física, o padrão de pensamento e o desenvolvimento espiritual de cada indivíduo.

O corpo humano traz em si os quatro elementos básicos da natureza, aos quais se ligam os Orixás. É o envoltório, a casa do espírito, sente dor e prazer. É, ainda, o meio (médium) pelo qual a Espiritualidade literalmente se corporifica, seja por meio da chamada incorporação, intuição, psicografia etc. Portanto, deve ser tratado com equilíbrio, respeito e alegria.

Assim como na tradição hebraico-cristã, segundo a qual Deus e os seres humanos viviam juntos no Éden, a tradição iorubá relata que havia livre acesso aos seres humanos entre o Aiê (Em tradução livre, o plano terreno.) e o Orum (Em tradução livre, o plano espiritual.).

Com a interrupção desse acesso, foi necessário estabelecer uma nova ponte, por meio do culto aos Orixás, em África, o que se amalgamou e resultou, no Brasil, no Candomblé e, em linha histórica diacrônica (Para a Espiritualidade o *timing* é sincrônico e em espiral.), nas demais religiões de matriz africana.

No relato registrado e anotado por Reginaldo Prandi em *Mitologia dos Orixás* (páginas 524-528):

> No começo não havia separação entre
> o Orum, o Céu dos orixás,
> e o Aiê, a Terra dos humanos.
> Homens e divindades iam e vinham,
> coabitando e dividindo vidas e aventuras.
> Conta-se que, quando o Orum fazia limite com o Aiê,
> um ser humano tocou o Orum com as mãos sujas.
> O céu imaculado do Orixá fora conspurcado.
> O branco imaculado de Obatalá se perdera.
> Oxalá foi reclamar a Olorum.

Olorum, Senhor do Céu, Deus Supremo,
irado com a sujeira, o desperdício e a displicência dos mortais,
soprou enfurecido seu sopro divino
e separou para sempre o Céu da Terra.
Assim, o Orum separou-se do mundo dos homens
e nenhum homem poderia ir ao Orum e retornar de lá com vida.
E os orixás também não podiam vir à Terra com seus corpos.
Agora havia o mundo dos homens e o dos orixás, separados.
Isoladas dos humanos habitantes do Aiê, as divindades entristeceram.
Os orixás tinham saudades de suas peripécias entre os humanos
e andavam tristes e amuados.
Foram queixar-se com Olodumaré, que acabou consentindo
que os orixás pudessem vez por outra retornar à Terra.
Para isso, entretanto, teriam que tomar o corpo material de seus devotos.
Foi a condição imposta por Olodumaré
Oxum, que antes gostava de vir à Terra brincar com as mulheres,
dividindo com elas sua formosura e vaidade,
ensinando-lhes feitiços de adorável sedução e irresistível encanto,
recebeu de Olorum um novo encargo:
preparar os mortais para receberem em seus corpos os orixás.
Oxum fez oferendas a Exu para propiciar sua delicada missão.
De seu sucesso dependia a alegria dos seus irmãos e amigos orixás.
Veio ao Aiê e juntou as mulheres à sua volta,
banhou seus corpos com ervas preciosas,
cortou seus cabelos, raspou suas cabeças,
pintou seus corpos.
Pintou suas cabeças com pintinhas brancas,

como as pintas das penas da conquém,
como as penas da galinha-d'angola.
Vestiu-as com belíssimos panos e fartos laços,
enfeitou-as com joias e coroas.
O ori, a cabeça, ela adornou ainda com a pena ecodidé,
pluma vermelha, rara e misteriosa do papagaio-da-costa.
Nas mãos as fez levar abebês, espadas, cetros,
e nos pulsos, dúzias de dourados indés.
O colo cobriu com voltas e voltas de coloridas contas
e múltiplas fieiras de búzios, cerâmicas e corais.
Na cabeça pôs um cone feito de manteiga de ori,
finas ervas e obi mascado,
com todo condimento de que gostam os orixás.
Esse oxô atrairia o orixá ao ori da iniciada e
o orixá não tinha como se enganar em seu retorno ao Aiê.
Finalmente as pequenas esposas estavam feitas,
estavam prontas, e estavam odara.
As iaôs eram a noivas mais bonitas
que a vaidade de Oxum conseguia imaginar.
Estavam prontas para os deuses.
Os orixás agora tinham seus cavalos,
podiam retornar com segurança ao Aiê,
podiam cavalgar o corpo das devotas.
Os humanos faziam oferendas aos orixás,
convidando-os à Terra, aos corpos das iaôs.
Então os orixás vinham e tomavam seus cavalos.
E, enquanto os homens tocavam seus tambores,
vibrando os batás e agogôs, soando os xequerês e adjás,
enquanto os homens cantavam e davam vivas e aplaudiam,
convidando todos os humanos iniciados para a roda do xirê,

os orixás dançavam e dançavam e dançavam.
Os orixás podiam de novo conviver com os mortais.
Os orixás estavam felizes.
Na roda das feitas, no corpo das iaôs,
eles dançavam e dançavam e dançavam.
Estava inventado o candomblé.

Com relação ao corpo humano, Exu está associado principalmente a dores de cabeça relacionadas ao fígado.

Em termos gerais, chacras (rodas) são centros de energia físico-espirituais espalhados por diversos pontos dos corpos físico e espirituais que revestem o físico. Os chacras mais conhecidos são sete, os que estão nas mãos e pés são também muito importantes para o exercício da mediunidade.

O chacra a que se associa Exu é o 1º Chacra, cujo nome em sânscrito é Muladhara (Base e fundamento; suporte). Os nomes mais conhecidos em português são Base ou Básico, Raiz e Sacro.

Localizado na base da coluna, na cintura pélvica, quando ativo tem a cor vermelho-fogo.

Seu elemento correspondente no mundo físico é a terra. Seu som correspondente (bija), segundo segmentos religiosos tradicionais indianos, é LAM. O centro físico do chacra base corresponde às glândulas suprarrenais, as quais produzem adrenalina e são responsáveis por prover a circulação e equilibrar a temperatura do corpo, de modo a prepará-lo para a reação imediata.

Trata-se do centro psicológico para a evolução da identidade, da sobrevivência, da autonomia, da autoestima, da realização e do conhecimento. Além disso, acumula impressões,

memórias, conflitos e atitudes geradas pelos esforços para conseguir individualidade.

Quando em desequilíbrio, produz, dentre outros, anemia, leucemia, deficiência de ferro, problemas de circulação, pressão baixa, pouca tonicidade muscular, fadiga, insuficiência renal e excesso de peso.

Também se relacionam a esse chacra Obaluaê e os Pretos-Velhos.

Ervas e flores

Com diversas variações, em virtude da diversidade litúrgica e terapêutica das religiões de matriz africana, associam-se a Exu os seguintes elementos:

- Ervas: arruda, capim tiririca, hortelã, pimenta, salsa, urtiga.
- Flores: aos Exus se ofertam cravos vermelhos e às Pombogiras se ofertam rosas vermelhas.

Comidas e bebidas

A cozinha é local para o preparo de pratos ritualísticos e mesmo para cuidados gerais da casa. Alguns terreiros (em especial de Umbanda) não dispõem de cozinha, sendo utilizada a da casa do dirigente espiritual ou de algum médium.

Em linhas gerais, o uso ritualístico da cozinha pressupõe o mesmo respeito, o mesmo cuidado de outras cerimônias de Candomblé e Umbanda, como os xirês e as giras, as entregas (oferendas) e outros: roupas apropriadas, padrão de pensamento específico e centramento necessário etc.

Além disso, os médiuns devem ser cruzados para a cozinha e/ou estarem autorizados a nela trabalhar. No Candomblé, bem como em algumas casas de Umbanda com forte influência dos Cultos de Nação, destaca-se a figura da Iabassê, a responsável maior pelo preparo das comidas sagradas.

Embora se faça uso de comidas e bebidas sagradas em vários momentos da caminhada espiritual da vida dos filhos e sacerdotes/sacerdotisas, os momentos mais conhecidos são as chamadas obrigações. Cada vez mais se consideram as obrigações não apenas como um compromisso, mas, literalmente como uma maneira de dizer obrigado(a).

Em linhas gerais, as obrigações se constituem em oferendas feitas para, dentre outros, agradecer, fazer pedidos, reconciliar-se, isto é, reequilibrar a própria energia com as energias dos Orixás.

Os elementos oferendados, em sintonia com as energias de cada Orixá, serão utilizados pelos mesmos como combustíveis ou repositores energéticos para ações magísticas, da mesma forma que o álcool, o alimento e o fumo utilizados quando o médium está incorporado. Daí a importância de cada elemento ser escolhido com amor, qualidade, devoção e pensamento adequado.

Existem obrigações menores e maiores, variando de terreiro para terreiro; periódicas ou solicitadas de acordo com as circunstâncias, conforme o tempo de desenvolvimento mediúnico e a responsabilidade de cada um com seus Orixás; com sua coroa, como no caso da saída (Quando o médium deixa o recolhimento e, após período de preparação, apresenta

solenemente seu Orixá, ou é, por exemplo, apresentado como sacerdote ou ogã.) e outros.

Embora cada casa siga um núcleo comum de obrigações fixadas e de elementos para cada uma delas, dependendo de seu destinatário, há uma variação grande de cores, objetos, características. Portanto, para se evitar o uso de elementos incompatíveis para os Orixás, há que se dialogar com a Espiritualidade e com os dirigentes espirituais, a fim de que tudo seja corretamente empregado ou, conforme as circunstâncias, algo seja substituído.

A cozinha dos Orixás migrou para as mesas e barracas de quitutes brasileiros, pela variedade de sabores, temperos e cores.

- Comida: a principal é o padê (sua base é a farofa). A receita do padê obedece a determinados critérios que respeitam a doutrina de cada casa. Para servir aos Exus e Pombogiras, quando incorporados, as carnes assadas podem às vezes até ser mal-passadas, mas nunca cruas.

- Bebida: a principal é a cachaça (marafo ou marafa). Há terreiros em que a cachaça é utilizada apenas em situações especiais para ingestão, sempre em quantidade pequena, sendo mais comuns nos pontos e nas entregas, utilizando-se a cerveja para ingestão. Independentemente da bebida adotada em cada casa, a mesma não é utilizada em excesso. No caso da champanha, dependendo da orientação, a mesma pode ser rosê ou branca.

> *Ipadê é o ritual que antecede todos os demais, no qual o Orixá Exu é firmado como guardião do Axé, a fim de proteger a casa e as pessoas. Para tanto, são utilizadas comidas típicas de Exu, como o padê (farofa especialmente preparada), vela e água.*
>
> *Após cantos e danças, a quartinha com água, a vela e o padê são levados para fora do barracão. Os demais rituais têm prosseguimento.*
>
> *Muitos candomblecistas consideram o Ipadê como o ato de despachar Exu, isto é, afastá-lo, a fim de não provocar confusões. Tal concepção aproxima-se mais da mitologia iorubana do que propriamente da Teologia e da Espiritualidade do Candomblé.*
>
> *Em iorubá, pàdé significa reunião. A distinção entre ipadê e padê não é consenso em todas as casas.*

Sobre comidas, álcool e fumo

Comidas, álcool e fumo são utilizados como fontes de energia — a física e a chamada contrapartida etérea. NÃO SE FAZ ESCAMBO COM A ESPIRITUALIDADE ("TOMA LÁ, DÁ CÁ").

Orixás, Guias e Guardiões têm bebidas próprias, algumas delas, alcoólicas.

O álcool serve de verdadeiro combustível para a magia, além de limpar e descarregar, seja organismos ou pontos de pemba ou pólvora, por exemplo. Ingerido sem a influência do animismo, permanece quantidade reduzida no organismo do médium e mesmo do consulente.

Por diversas circunstâncias, tais como disciplina, para médiuns menores de idade e/ou que não consumam álcool

ou lhes tenham intolerância, seus Orixás, Guias e Guardiões não consumirão álcool.

Em algumas casas, o álcool é utilizado apenas em oferendas ou deixado próximo ao médium incorporado.

A função primeira do fumo é defumar (Por isso, exceções à parte, a maioria dos Guias e Guardiões não tragam: enchem a boca de fumaça, expelindo-a no ar, sobre o consulente, uma foto etc.). Por essa razão, se o terreiro for defumado e for mantido aceso algum defumador durante os trabalhos, há Guias e Guardiões que nem se utilizam do fumo. O mesmo vale quando o médium não é fumante ou não aprecia cigarros, charutos e outros.

Cada Orixá, Linha, Guia ou Guardião que se utilizam do fumo têm características próprias, entretanto, o cigarro parece ser um elemento comum para todos, embora muitas casas não os tenha mais permitido, em virtude das substâncias viciantes, aceitando apenas charutos, charutinhos, cachimbos e palheiros (cigarros de palha), conforme cada Entidade ou Linha.

O fumo desagrega energias deletérias e é fonte de energias positivas, atuando em pessoas, ambientes e outros.

A Umbanda não foi prejudicada pela Lei Antifumo do Estado de São Paulo, uma vez que templos religiosos foram excluídos da proibição de fumo em locais fechados no Estado de São Paulo (Lei 577/08, Artigo 6º, Item I e Parágrafo Único, aprovada em 07 de abril de 2009).

Exu e o imaginário no cinema

A fim de termos um painel sobre como Exu é retratado no cinema, apresentamos três referências:

Cafundó

(Direção: Paulo Betti, 101 minutos, 2005)

No filme, a trajetória espiritual de João de Camargo se acelera depois de um momento de dor, desilusão e solidão a partir de um relacionamento extraconjugal de sua esposa, personagem hiper-sexualizada a partir da ação de uma Pombogira — não a Pomba-gira tal qual se conhece na Umbanda, responsável pelos desejos, freando excessos e deturpações, mas de um quiumba, ou seja, espírito desencarnado em desequilíbrio.

Seu desejo se dá a conhecer por uma cigana que dela se enoja e a amaldiçoa. O senso comum costuma confundir as chamadas Entidades de Esquerda (Exu, Pombogira, Exu Mirim) com quiumbas.

Antes, no casamento que ocorre no litoral, Rosário se encanta com uma gira de Iemanjá e incorpora, pelo procedimento, não uma Pomba-gira ipsis litteris, mas um quiumba.

Nesse momento, a direção espiritual cuida de Rosário, pois a manifestação é descabida naquele contexto (mesmo se fosse de uma Pomba-gira).

Evidentemente, numa gira em que tal manifestação ocorresse, o tratamento seria imediato, contudo, no cinema/na arte, território da recriação, isso não ocorre de pronto, para que o espectador tome ciência com mais propriedade do que acontece. Por isso, Rosário, incorporada, toma a garrafa de champanha oferecida a Iemanjá e bebe.

Exu aproxima-se muito mais da Entidade Exu (Umbanda) do que propriamente do Orixá Exu (Candomblé), em especial pelo figurino utilizado. É quem anuncia que João "Vai 'ir', mas vai voltar. Vai subir, mas vai descer.", indicando que João não ficaria estático no momento de iluminação, porém teria de retornar ao cotidiano, num ciclo contínuo de aprendizado que não se restringe apenas à caminhada/subida simbólica em que João compreende sua missão, mas também em relação às conquistas e aos reveses dessa missão.

Em princípio, João não o reconhece, por isso Exu pergunta se a mãe não lhe deu educação. É, ainda, o companheiro que cobra respeito e companheirismo de João de Camargo, pois o protege e também faz parte da Lei e de sua execução. Conforme o imaginário popular, é por vezes confundido com o Diabo, como no episódio das duas galinhas, e oferendado com ejé (sangue), como quando dois trabalhadores negros acabam por matar um capataz, ou com comida feita, tal qual os humanos comem, como numa das cenas finais, oferendado por João de Camargo.

Besouro

(Direção: João Daniel Tikhomiroff, 95 minutos, 2009)

Conforme afirma o próprio Besouro, não existe o bem sem o mal.

Orixá que conhece a dualidade, a ambiguidade do humano, conduz, por diversos mecanismos, personagens, em especial Besouro, sem, contudo, interferir num plano e num objetivo maiores.

Sua compreensão do bem e do mal, da vida e da morte está acima da compreensão humana. Orixá associado à feira (pela energia de troca), uma das principais sequências do filme se passa nesse ambiente: a da provocação de Exu a Chico, que, revoltado por não poder mais jogar capoeira por ter tido a perna esquerda ferida pelo capataz Noca, havia chutado o padê (de modo genérico, oferenda ritual, com a comida, padê propriamente dito, e a bebida desse Orixá) de Exu e a da aceitação da missão de Besouro ("Acorda, Besouro!", lhe diz Exu).

No primeiro caso, Exu provoca Chico, inicialmente, em sua masculinidade, e esse, na tentativa de lutar com o desconhecido (e não reconhecido) Exu, passa para os outros a imagem de louco. No segundo caso, Besouro se prostra diante de Exu e este o ajuda a se levantar e a se defender. Em princípio, Exu aparece vestido todo de branco, como cliente da feira, e depois se revela em sua cor característica (vermelha), com alguns de seus símbolos, como o ogó (bastão).

Curta-metragem Xangô

(Direção: Rafael Curumim e Ademir Barbosa Júnior,
11 minutos, 2014)

No filme é narrado, de forma simplificada, o episódio em que Oxalá é posto na prisão injustamente por artimanhas de Exu, que por meio do torto faz o reto, colocando Xangô numa situação em que, por meio de uma ação injusta, refina seu senso de justiça, de modo a identificar-se com o símbolo da experiência e da sabedoria máximas: Oxalá.

Por essa razão, passa a ter fundamento com Oxalá Velho (Oxalufã), com ele comungando. Como se diz na linguagem das religiões de matriz africana, Xangô Airá caminha ou come com Oxalá. Não à toa essa qualidade de Xangô é sincretizada com São Pedro, o chamado Príncipe dos Apóstolos.

Optou-se por representar Exu como um moleque brincalhão, nas atitudes, nos gestos, no figurino (bermuda) e na trilha sonora, com "Bola de meia, bola de gude", canção de Milton Nascimento, com os seguintes versos: "Há um menino, há um moleque, morando sempre no meu coração/toda vez que o adulto balança, ele vem pra me dar a mão.".

PARTE 2

Exu na Umbanda

Esquerda

Na Umbanda, em vez de se cultuar diretamente o Orixá Exu, é mais comum o culto aos Exus e às Pombogiras, trabalhadores da chamada Esquerda, oposto complementar da Direita.

Ao longo da História, o conceito de esquerdo/esquerda foi de exclusão e incompreensão. Alguns exemplos: pessoas canhotas eram vistas sob suspeitas aos olhos de parte do clero e da população da Idade Média; em francês, esquerdo/esquerda é *gauche*, que também significa atrapalhado, destoante; em italiano, esquerdo/esquerda é *sinistro/sinistra*, o que nos lembra de algo obscuro.

Incompreendidos e temidos, Exus e Pombogiras são vítimas da ingratidão e da intolerância, não apenas de religiões que não dialogam e discriminam a Umbanda e o Candomblé, mas, infelizmente também nessas próprias religiões: há mais-velhos do Candomblé que ainda chamam Exus de "escravos" ou "diabos", enquanto alguns umbandistas afirmam "não quererem nada com Exu".

Em linhas gerais, costuma-se, por exemplo, valorizar o médico, e não o lixeiro. Contudo, ambos os profissionais são extremamente importantes para a manutenção da saúde de cada indivíduo e da coletividade. Em termos espirituais, a Esquerda faz o trabalho mais pesado de desmanches de demandas, de policiamento e proteção de templos (por isso, toda casa de oração tem os seus Exus), de limpeza energética, enfim.

No anonimato, com genéricos e referentes à linha de atuação, aos Orixás para os quais trabalham, Exus e Pombogiras são médicos, conselheiros, psicólogos, protetores, exercendo múltiplas funções que podem ser resumidas numa palavra: Guardiões.

Se em pinturas mediúnicas, Exus e Pombogiras apresentam-se com imagens e fisionomias "normais", por que as estatuetas que os representam parecem, aos olhos do senso comum, associá-los ainda mais ao Diabo cristão?

Por três razões básicas:

a) Os símbolos de Exu pertencem a uma cultura diversa do universo cristão. Nela, por exemplo, a sexualidade não se associa ao pecado e, portanto, símbolos fálicos são mais evidentes, ligados tanto ao prazer quanto à fertilidade, enquanto que o tridente representa os caminhos, e não algo infernal. O mesmo pode-se dizer, por exemplo, do dragão presente nas imagens de São Miguel e São Jorge: enquanto no Ocidente cristão representa o mal, em várias culturas do Oriente o dragão é símbolo de fogo e força espirituais.

b) A área de atuação dos Exus e das Pombogiras solicita elementos que são utilizados por eles (capas, bastões etc.) ou que os simbolizam (caveiras, fogo etc.), vibrações cromáticas específicas (vermelho e preto) e outros.

c) Do ponto de vista histórico e cultural, quando as comunidades que cultuavam Orixás perceberam, além da segregação, o temor daqueles que os discriminavam, assumiram conscientemente a relação entre Exu e o Diabo cristão, assim representando-o, como mecanismo de afastar de seus locais de encontro e liturgia todo aquele que pudesse prejudicar suas manifestações religiosas. Nesse sentido, muitos dos nomes e pontos cantados de Exu, do ponto de vista espiritual (energias e funções) e cultural-histórico são "infernais".

De modo bem simples, Exus e Pombogiras podem ser definidos como agentes da Luz nas trevas (do erro, da ignorância, da culpa, da maldade etc.).

A Esquerda também é conhecida como Quimbanda, o que não dever ser confundido com Quiumbanda, isto é, trabalho de quiumbas, espíritos de vibrações deletérias, que não são os Exus e Pombagiras trabalhadores da Umbanda e/ou Guardiões de outras tradições religiosas e/ou espirituais. Para diferenciá-los, muitos preferem chamar os Exus e as Pombagiras de Umbanda de "Exus batizados".

Essa classificação compreende os seguintes níveis, nem sempre consensual entre os umbandistas:

- Exu Pagão — Não sabe distinguir o Bem do Mal; contratado para alguma ação maléfica, se apanhado e punido, volta-se contra quem lhe encomendou e pagou o trabalho.
- Exu Batizado — Diferenciam o Bem do Mal, praticam ambos conscientemente e estão a serviço das Entidades, evoluindo na prática do bem, contudo conservando suas forças de cobrança. Para muitos,

contudo, os Exus Batizados são aqueles que só trabalham para a Luz, agindo em nome dos Orixás e Guias.
- Exu Coroado — Por mérito e evolução, podem apresentar-se como elementos da Direita.

Note-se que o vocábulo português "pagão", em sua origem, não tem a acepção negativa de "não-cristão", mas "aquele que vem do campo" — nesse contexto, a Wicca se denomina orgulhosamente religião pagã).

Evidentemente, a maioria das pessoas tem dificuldade de entender um ponto cantado em que aparece o verso "Ai, como é grande a família do Diabo." ou compreender a simbologia de uma imagem de Pombogira. Por isso, alguns segmentos e templos umbandistas têm revisto a utilização desses pontos e mesmo de algumas imagens, consideradas vulgares.

Exu não seria o diabo por várias razões. De modo geral, em África pré-colonial, não existia uma figura personificando o mal absoluto. O mesmo vale para o Candomblé.

No caso da Umbanda, nos segmentos em que a influência católica é maior, pode-se notar o chamado inferno cristão e a figura do Diabo, o que não acontece quando a influência do Espiritismo é maior. Contudo, em nenhum dos casos, Exu é o diabo.

Evidentemente há cruzamentos, confusões e nuanças semânticas. Quimbanda e Quiumbanda são confundidas; em alguns terreiros de Candomblé os Exus são chamados de diabos e escravos; em algumas casas de Umbanda, quiumbas são chamados de exus e aluvaiás (Aluvaiá, como visto, é um Inquice correspondente ao Exu iorubá); Lúcifer aparece como o anjo caído, mas também como Exu, dando-se o mesmo com Belzebu (Divindade cananeia: conforme a Bíblia de Jerusalém, "A ortodoxia monoteísta acabou fazendo dele o 'príncipe dos demônios'."); o próprio vocábulo "demônio" nem sempre tem sua etimologia conhecida etc.

Não se pretende aqui aprofundar todas as ocorrências e esgotar as possibilidades de interpretação e compreensão.

Contudo, existe algo muito simples e de profissão universal: a Umbanda, enquanto religião (religação com o Divino) JAMAIS pode se dedicar à prática do mal. Nesse sentido, vale a pena nos determos em duas ocorrências bibliográficas, analisando a questão com o devido respeito e a caridade do diálogo:

a) No livro *Pomba-gira: as duas faces da Umbanda* (4ª ed., Rio de Janeiro: Editora Eco, s/d), o autor, Antônio Alves Teixeira (Neto), não esclarece o que "Pomba-gira" faz no título do livro, dividido em duas partes: "A face má da Umbanda" e "A face boa da Umbanda". Sem que analisemos o conteúdo, a primeira parte apresenta problemas, a segunda, elementos positivos da Umbanda. A despeito do mistério do título, existe, em seu fundamento, "face má" na religião de Umbanda?

b) Em *Guerra dos Orixás* (3ª ed., Rio de Janeiro: Jorge Zahar, 2001), Yvonne Maggie dedica-se ao estudo de um terreiro de Umbanda, no ano de 1972. Vejamos alguns trechos:

EXU – Entidade que representa o bem e o mal. Algumas vezes é identificado com o diabo. (...). (p. 144)

POMBA-GIRA – Feminino de exu. A pomba-gira representa uma mulher de vida fácil, "mulher de sete maridos", que faz o bem e o mal, diz palavrões e faz gestos obscenos. (...). (p. 150)

(...) Os exus falavam palavrão e as pombas-giras faziam gestos obscenos, masturbando-se ou chamando os homens. (...). (p. 40)

Mesmo que se alegue que o livro se refere a um templo (?) específico, o estudo carece de compreensão de fundamentos e de aprofundamento a respeito da Esquerda (e de outros temas, que ora não abordamos). Vale observar que se trata de edição revista.

Certamente a compreensão do papel, das funções e representações de Exus e Pombogiras será mais bem elaborada a partir de estudos comparativos a respeito dos Guardiões nas mais diversas culturas e religiões, trabalho já iniciado por vários autores.

Exus

Quando encarnados, geralmente tiveram vida difícil, como boêmios, prostitutas e/ou dançarinas de cabaré (caso de muitas Pombogiras), com experiências de violência, agressão, ódio, vingança.

Conforme dito, são agentes da Luz atuando nas trevas. Praticando a caridade, executam a Lei de forma ordenada, sob a regência dos chefes e em nome dos Orixás. Devem ser tratados com respeito e carinho, e não com temor: à maneira como se tratam amigos.

Guardiões não apenas durante as giras e as consultas e os atendimentos que dão nas giras de Esquerda, são os

senhores do plano negativo ("Negativo" não possui nenhuma conotação moral ou de desvalor.).

Responsabilizam-se pelos espíritos caídos, sendo, ainda, cobradores dos carmas. Combatem o mal e estabilizam o astral na escuridão. Cortam demanda, desfazem trabalhos de magia negra, auxiliam em descarregos e desobsessões, encaminham espíritos com vibrações deletérias para a Luz ou para ambientes específicos do Astral Inferior, a fim de se reabilitarem e seguirem a senda da evolução.

Sua roupa geralmente é preta e vermelha, podendo usar capas, bengalas, chapéus e instrumentos como punhais.

Como soldados e policiais do Astral, utilizam uniformes apropriados para batalhas, diligências e outros. Suas emanações, quando necessário, são pesadas e intimidam. Em outras circunstâncias, apresentam-se de maneira elegante. Ou seja, sua roupagem fluídica depende de vários fatores, como evolução, função, missão, ambiente etc.

Podem, ainda, assumir aspecto animalesco, grotesco, possuindo grande capacidade de alterar sua aparência.

Os Exus são alegres e brincalhões e, ao mesmo tempo, dão e exigem respeito. Honram sua palavra, buscam constantemente sua evolução.

Guardiões, expõem-se a choques energéticos. Espíritos caridosos, trabalham principalmente em causas ligadas aos assuntos mais terrenos. Se aparentam dureza, franqueza e pouca emotividade, em outros momentos, conforme as circunstâncias, mostram-se amorosos e compassivos, afastando-se, porém, daqueles que visam a atrasar sua evolução.

Suas gostosas gargalhadas não são apenas manifestações de alegria, mas também potentes mantras desagregadores de energias deletérias, emitidos com o intuito de equilibrar especialmente pessoas e ambientes.

É muito importante o consulente conhecer a casa que frequenta, para que não se confunda Exu e Pombogira com quiumbas.

Pela Lei de Ação e Reação, pedidos e comprometimentos feitos visando ao mal e desrespeitando o livre-arbítrio serão cobrados.

Quanto às casas, a fim de evitar consulentes desavisados, algumas optam por fazer giras de Esquerda fechadas, enquanto outras as fazem abertas, mas quase sempre com pequena preleção a respeito da Esquerda.

Saudação: Laroiê Exu (ou Pombogira), Exu (ou Pombogira) ê Mojubá!

Exu Mirim

Os Exus Mirins compõem a Linha da Esquerda, apresentando-se como crianças ou adolescentes. São extrovertidos, brincalhões e trabalham com funções análogas às de Exus e Pombogiras.

Utilizam-se dos elementos comuns à Linha da Esquerda (cores, fumo, álcool etc.).

Segundo alguns segmentos umbandistas, nunca encarnaram, enquanto outros sustentam que, à maneira de Exus e Pombogiras, tiveram difícil vivência encarnatória e hoje se utilizam de seus conhecimentos para promover a segurança, a proteção, o bem estar.

Linha dos Exus

Segue uma lista sintética a respeito da organização da Linha dos Exus; contudo, como em outras Linhas e Falanges, existem variações. Exu Marabô, por exemplo, geralmente se apresenta trabalhando sob as ordens de Oxóssi, mas também sob as de Xangô.

Os Sete Exus Chefes de Falange
Vibração Espiritual de Oxalá

Exu Sete Encruzilhadas	Comando negativo da linha.
Exu Sete Chaves	Intermediário para Ogum.
Exu Sete Capas	Intermediário para Oxóssi.
Exu Sete Poeiras	Intermediário para Xangô.
Exu Sete Cruzes	Intermediário para Yorimá.
Exu Sete Ventanias	Intermediário para Yori.
Exu Sete Pembas	Intermediário para Iemanjá.

Os Sete Exus Chefes de Falange
Vibração Espiritual de Iemanjá

Pombogira Rainha	Comando negativo da linha.
Exu Sete Nanguê	Intermediário para Ogum.
Pombogira Maria Molambo	Intermediária para Oxóssi.
Exu Sete Carangola	Intermediário para Xangô.
Exu Maria Padilha	Intermediário para Yorimá.
Exu Má-canjira	Intermediário para Yori.
Exu Maré	Intermediário para Oxalá.

Os Sete Exus Chefes de Falange
Vibração Espiritual de Yori

Exu Tiriri	Comando negativo da linha.
Exu Toquinho	Intermediário para Ogum.
Exu Mirim	Intermediário para Oxóssi.
Exu Lalu	Intermediário para Xangô.
Exu Ganga	Intermediário para Yorimá.
Exu Veludinho	Intermediário para Oxalá.
Exu Manguinho	Intermediário para Iemanjá.

Os Sete Exus Chefes de Falange
Vibração Espiritual de Xangô

Exu Gira-mundo	Comando negativo da linha.
Exu Meia-Noite	Intermediário para Ogum.
Exu Mangueira	Intermediário para Oxóssi.
Exu Pedreira	Intermediário para Oxalá.
Exu Ventania	Intermediário para Yorimá.
Exu Corcunda	Intermediário para Yori.
Exu Calunga	Intermediário para Iemanjá.

Os Sete Exus Chefes de Falange
Vibração Espiritual de Ogum

Exu Tranca-rua	Comando negativo da linha.
Exu Tira-teimas	Intermediário para Oxalá.
Exu Veludo	Intermediário para Oxóssi.
Exu Tranca-gira	Intermediário para Xangô.
Exu Porteira	Intermediário para Yorimá.
Exu Limpa-trilhos	Intermediário para Yori.
Exu Arranca-toco	Intermediário para Iemanjá.

Os Sete Exus Chefes de Falange
Vibração Espiritual de Oxóssi

Exu Marabô	Comando negativo da linha.
Exu Pemba	Intermediário para Ogum.
Exu da Campina	Intermediário para Oxalá.
Exu Capa Preta	Intermediário para Xangô.
Exu das Matas	Intermediário para Yorimá.
Exu Lonan	Intermediário para Yori.
Exu Bauru	Intermediário para Iemanjá.

Os Sete Exus Chefes de Falange
Vibração Espiritual de Yorimá

Exu Caveira	Comando negativo da linha.
Exu do Lodo	Intermediário para Ogum.
Exu Brasa	Intermediário para Oxóssi.
Exu Come-fogo	Intermediário para Xangô.
Exu Pinga-fogo	Intermediário para Oxalá.
Exu Bará	Intermediário para Yori.
Exu Alebá	Intermediário para Iemanjá.

Infelizmente, as maiores mistificações e mesmo aberrações no tocante às religiões de matriz africana acontecem com a Linha da Esquerda.

O *Novo Dicionário de Umbanda*, por nós organizado, assim define "marmota" ou "marmotagem":

> [...] Em linhas gerais, trata-se de atitudes extravagantes que fogem aos fundamentos das religiões de matriz africana. A marmotagem não deve ser confundida com a diversidade de elaboração e expressão de fundamentos religiosos.

Exemplos de marmotagem: simulação de incorporação; Pombogira fazendo compras em shopping center; baianos e boiadeiros bebendo em barracas de praia durante festa de Iemanjá; caboclo ensinando filho de santo a usar máquina fotográfica durante uma gira; preto-velho passando número de celular de médium para consulente etc.

Além dos exemplos citados no verbete, tanto da Direita quanto da Esquerda, há mulheres que começam a fumar, atribuindo o vício ao desejo de "sua" Pombogira; ou vivem na promiscuidade e possuem falta de clareza sobre a identidade sexual atribuída à Linha da Esquerda e abusos ainda maiores em supostas giras.

Os Exus, na Umbanda, trabalham a serviço dos Orixás e, portanto, da Lei Maior, como demonstram alguns dos célebres pontos cantados de Esquerda:

O sino da igrejinha faz belem blem blom
Deu meia-noite o galo já cantou
Seu Tranca-ruas que é o dono da gira
Oi, corre gira que Ogum mandou.

Foi, foi Oxalá
Quem mandou eu pedir, quem mandou eu rezar
Que as Santas Almas viessem ajudar
Seu Tranca na encruza de joelho a gargalhar

Oi, botaram um despacho na encruzilhada pra me derrubar
Não adianta, não adianta, eu também sou de lá
Se meu pai é Ogum, se meu pai é Ogum
E minha mãe é Iemanjá

Já falei com Seu Sete, ele é meu compadre
Ele vai me ajudar
Você vai pagar, você vai pagar
Vai ter que pagar

Evidentemente os dois últimos versos do terceiro ponto ("Você vai pagar, você vai pagar/ Vai ter que pagar") não devem ser entendidos como ameaça ou vingança, mas como um lembrete de como funciona a Lei de Ação e Reação.

Pombogiras

O termo Pombogira é uma corruptela de Bombojira, que, em terreiros bantos, significa Exu, vocábulo que, por sua vez, deriva do quicongo mpambu-a-nzila (em quimbundo, pambuanjila), com o significado de "encruzilhada".

Trabalham com o desejo, especialmente com o sexual, freando os exageros e deturpações sexuais dos seres humanos (encarnados ou desencarnados), direcionando-lhes a energia para aspectos construtivos.

Algumas delas, em vida, estiveram ligadas a várias formas de desequilíbrio sexual: pela Lei de Ação e Reação, praticando a caridade, evoluem e auxiliam outros seres à evolução.

Alegres, divertidas, simpáticas, conhecem a alma humana e suas intenções. Sensuais e equilibradas, descarregam pessoas e ambientes de energias viciadas. Gostam de dançar.

Infelizmente, são bastante confundidas com quiumbas e consideradas responsáveis por amarrações de casais, separações e outros, quando, na verdade, seu trabalho é o de equilibrar as energias do desejo. Exemplo: quando alguém

é viciado em sexo (desequilíbrio), podem encaminhar circunstâncias para que a pessoa tenha verdadeira overdose de sexo, de modo a esgotá-la e poder trabalhá-la para o reequilíbrio. Assim como os Exus de caráter masculino, as Pombogiras são agentes cármicos da Lei.

Geralmente, o senso comum associa as Pombogiras a prostitutas. Se muitas delas estão resgatando débitos relacionados à sexualidade, isso ocorre, contudo, não apenas por promiscuidade e pelas consequências energéticas e de fatos decorrentes da mesma, mas também pela abstinência sexual ideológica e religiosamente imposta, caso de muitas mulheres que professaram votos celibatários, mas foram grandes agressoras de crianças, pessoas amarguradas praguejando contra mulheres com vida sexual ativa etc.

Suas cores geralmente são vermelho e preto.

Alguns nomes: Maria Molambo, Sete-Saias, Maria Padilha, Pombogira do Cruzeiro, Pombogira Rosa Caveira etc.

Tronqueira e Casa dos Exus

Alguns dos principais espaços de Exu e Pombogira em terreiros de Umbanda, conforme fundamento e orientação do Guia Chefe da casa.

Casa dos Exus

Local dos assentamentos dos Exus dos médiuns, bem como de entregas, oferendas. Também chamada, muitas vezes, de tronqueira, com ela se confundindo.

Tronqueira

Trata-se de local de firmeza, logo à entrada do terreiro, para o Exu guardião da casa, mais conhecido como Exu da Porteira, pois seu nome verdadeiro só é conhecido pela alta hierarquia do terreiro.

Em algumas casas a tronqueira fica atrás do congá e, por vezes, se confunde com a Casa dos Exus, tendo à frente do terreiro o que se chama popularmente de tronqueirinha, porteira ou casinha.

Pontos da natureza e de força

Pontos da natureza são pontos de forças naturais, tais como pedreiras, matas, cachoeiras etc.

Pontos de força são locais que funcionam como verdadeiros portais para a Espiritualidade.

Cada centro de força corresponde a determinado Orixá, Guia ou Guardião, por afinidades de elementos. Além dos pontos da natureza, há outros como cemitérios e estradas, por exemplo.

O elemento de Exu é o fogo.

Os Exus e alguns Pontos de Vibração

Cemitério	Geralmente trabalham para Obaluaê. Alguns operam em trabalhos, obrigações, descarregos, mas não dão consultas. Trabalham, quando em consulta, descarregando o consulente, sendo sérios e discretos.
Encruzilhada	Além de se apresentarem em trabalhos, obrigações e descarregos, gostam de dar consultas. Nem tão sérios quanto os Exus de cemitério, nem tão brincalhões quanto os Exus de estrada. Trabalham para diversos Orixás.

Os Exus e alguns Pontos de Vibração	
Estrada	Movimentam-se bastante, dão consultas, são brincalhões e apreciam uma boa gargalhada, o que não significa bagunça; sua descontração não rima com esculhambação.

A respeito da relação entre os Orixás e os quatro elementos básicos, vale a pena uma breve descrição sobre os Elementais.

Elementais

Os elementais são seres conhecidos nas mais diversas culturas, com características e roupagens mais ou menos semelhantes. Ligam-se aos chamados quatro elementos (terra, água, ar, fogo), daí sua importância ser reconhecida na Umbanda, a qual se serve dos referidos elementos, tanto em seus aspectos físicos quanto em sua contrapartida etérica.

Elemento Terra	
Dríades	Trabalham nas florestas, diretamente nas árvores, ligam-se ao campo vibratório do Orixá Oxóssi. Possuem cabelos compridos e luminosos.
Gnomos	Trabalham no duplo etérico das árvores.
Fadas	Manipulam a clorofila das plantas (matizes e fragrâncias), de modo a formar pétalas e brotos. Associam-se à vida das células da relva e de outras plantas.
Duendes	Cuidam da fecundidade da terra, das pedras e dos metais preciosos e semipreciosos.

Elemento Água

Sereias	Atuam nas proximidades de oceanos, rios e lagos, com energia e forma graciosas.
Ondinas	Atuam nas cachoeiras, auxiliando bastante nos trabalhos de purificação realizados pela Umbanda nesses pontos de força.

Elemento Ar

Silfos	Apresentam asas, como as fadas, movimentando-se com grande rapidez. Atuam sob a regência de Oxalá.

Elemento Fogo

Salamandras	Atuam na energia ígnea solar e no fogo de modo geral. Apresentam-se como correntes de energia, sem se afigurarem propriamente como humanos.

Ciganos na esquerda

Como os Ciganos também se apresentam na Linha da Esquerda, onde, aliás, também trabalham Exus e Pombogiras Ciganos, seguem algumas características gerais do Povo Cigano.

Os ciganos formam Linha bastante antiga de trabalhos na Umbanda. Por vezes apresentam-se na Linha do Oriente e com ela se confundem.

Atuam em diversas áreas, em especial no tocante à saúde, ao amor e ao conhecimento, com tratamento e características diferentes das de outras correntes, falanges e linhas.

Assim como Povo Cigano quando encarnado possui origem antiga e pulverizada em diásporas e pelo nomadismo, o Povo Cigano do Astral assenta-se nos mais diversos terreiros de Umbanda onde cada qual poderá trabalhar e evoluir.

Na Espiritualidade, os ciganos não estão mais afeitos a tradições fechadas (Ciganos apenas casando-se entre eles.) e patriarcais terrenas (A mulher sem filhos biológicos praticamente perde seu valor perante o marido, a família e a comunidade.), podendo atuar com mais liberdade, daí afinarem-se com a Umbanda, conhecida pelo sincretismo e por abrir as portas para diversas linhas espirituais.

Alegres e experientes, trabalham utilizando-se de seus conhecimentos magísticos, tanto na Direita quanto na Esquerda.

Se existem Exus e Pombagiras ciganos, há também ciganos que, por afinidade e/ou por não encontrar outros caminhos numa casa, trabalham na Linha da Esquerda.

Amparados pela vibração oriental, trajam vestes e adereços característicos, valendo-se de cartas, runas, bolas de cristal, Numerologia e outros expedientes que lhes são familiares.

Apreciam também trabalhar com cores — cada cigano tem sua cor de vibração e de velas, embora possam se valer de diversas cores, em virtude dos vastos conhecimentos que possuem — e com incensos. Utilizam-se, ainda, de pedras, bebidas, punhais, lenços e outros elementos para Magia Branca.

Embora haja orações, simpatias e feitiços ciganos espalhados em profusão em livros, revistas, sítios na internet e outros, vale lembrar que a Umbanda, seja na Direita ou na Esquerda, jamais trabalha com qualquer elemento que venha a ferir o livre-arbítrio de alguém.

Em muitas casas, Linha do Oriente e Linha Cigana se confundem; em outras, trabalham-se separadamente (Há casas em que aparece apenas a Linha Cigana.). Existe, ainda, a leitura de que a Linha Cigana seria uma espécie de divisão/falange da Linha do Oriente.

Há outras entidades que trabalham na Direita e na Esquerda, como o Sr. Zé Pelintra[1] e, por exemplo, alguns Caboclos e Baianos ditos cruzados, que se apresentam em giras geralmente na Linha da Direita.

---

1. Há um ponto cantado que diz: "Eu me chamo Zé Pelintra, nêgo do pé esparramado//na Direita ou na Esquerda, seu serviço é aprovado.".

PARTE 3

Exu Tiriri

Exu Tiriri

História

Segundo se conta, Exu Tiriri, encarnado, viveu em Portugal, no século XIX, como Bartolomeu Custódio. Uma noite, após perder na mesa de jogo, bateu à porta de um primo, que se mostrou contrafeito com o pedido de dinheiro, pois já lhe havia pagado contas. Bartolomeu, humildemente, disse que precisava muito do dinheiro, que seria a última vez, que possuía família etc. O primo, Fernando, não se comoveu.

Bartolomeu, então, foi embora, consciente de todos os seus vícios. Caminhou a uma ponte, donde se atirou para as águas e a morte.

No Astral, com o tempo e a ajuda de mentores, recuperou-se e passou a auxiliar a todos, caritativamente, apresentando-se sempre com elegância e educação.

Outra história o coloca na Irlanda do século XVI, onde, camponês, apaixonou-se por uma nobre, o que o levou à masmorra e, posteriormente, à morte.

Há outras versões para sua história. Seriam lendas, suposições, flashes de várias encarnações ou retratos individuais de espíritos da mesma Linha ou Falange?

O fato é que, no anonimato, os espíritos da Direita ou da Esquerda trabalham para a sua evolução e daqueles que se colocam em seus caminhos. Atuam no anonimato, uma vez que assumem nomes genéricos que, por sua vez, se desdobram para todos aqueles que trabalham numa mesma linha ou falange.

Pouco importa situá-los no tempo e no espaço para que se encontre, por exemplo, o Exu Tiriri "original", uma vez que o trabalho, a segurança, a proteção, os ensinamentos, as lições são o que mais importam no desenvolvimento espiritual, na harmonização do ser, no reequilíbrio das forças.

No caso do Caboclo Pena Branca, por exemplo, há quem indique o Pena Branca "original" como indígena "brasileiro"; há quem o situe entre os indígenas da América do Norte: no fundo pouco importa, pois, em ambos os casos, trata-se de um diplomata que trabalhou pela paz entre os povos.

Tive, e relato isso com muita alegria, o privilégio de conhecer a história de um Senhor Tiriri Lonan, carregada de violência contra sua mulher e filhas, quando todos estavam encarnados. Essa história, contudo, não possui registro aqui, pois sei que um querido amigo, dirigente espiritual e participante ativo do Movimento Umbandista, o fará em breve, pelo auxílio do Sr. Exu Tiriri e insistência minha.

Desdobrando-se em vários tipos, caminhos ou qualidades, atua nas muitas frentes de trabalho espiritual.

Alguns tipos

- Seu Tiriri das Encruzilhadas;
- Seu Tiriri das Matas;
- Seu Tiriri Menino;
- Seu Tiriri da Calunga;
- Seu Tiriri das Almas;
- Seu Tiriri da Figueira;
- Seu Tiriri do Cruzeiro;
- Seu Tiriri da Meia Noite.

Características

Bebida:	pinga, cerveja, uísque, vinho.
Comidas mais comuns:	padê, carne assada.
Cor da vela:	preta ou preta e vermelha.
Dia da semana:	segunda-feira.
Flores:	cravos vermelhos.
Orixá relacionado (predomínio):	Ogum.
Ponto de força mais comum:	encruzilhada em forma de +.
Saudação:	Loroiê Exu, Exu é Mojubá.
Símbolo:	tridente

Pontos cantados

1.

Já bateu a meia-noite
Vamos ver quem vem aí
Pra firmar nossa corrente
Vem chegando o Tiriri

2.

Deu meia-noite
A lua se escondeu,
Lá na encruzilhada, dando a sua gargalhada, Tiriri apareceu...
É laroiê, laroiê, laroiê...
É mojubá, mojubá, mojubá
Ele é odara, quem tem fé em Tiriri, é só pedir que ele dá...

3.

Você não mora onde moro
Você não vê o que eu vi
Lá no meio do cruzeiro
Ele é o Exu Tiriri

4.

Tiriri que bicho deu
Tiriri que bicho dá
Tira a calça na cabeça
E o paletó no calcanhar
Se a calça é do capeta
O paletó de quem será?
Ô Tiriri...

5.

Exu Tiriri mata até de brincadeira,
Exu Tiriri mata até de brincadeira,
Ele come a carne,
Joga o osso pro Caveira

6.

Seu Tiriri cortou um gato...
Mas não quis comer sozinho...
Chamou seu Tranca-Ruas...
E dividiu os pedacinhos...

É evidente que os pontos 5 e 6 não devem ser tomados ao pé da letra, mas como uma referência entre os Senhores Exu Tiriri e Caveira, bem como entre Tiriri e o Senhor Exu Tranca-Ruas.

O mesmo vale para o paletó do ponto 4: vimos mais acima porque e como alguns pontos cantados trazem a figura do diabo. No ponto em questão, certamente é para explicitar que Exu Tiriri é destemido, "pau pra toda obra", o que é reforçado pela forma como se despe.

Já no ponto 2, o verso "Ele é odara, quem tem fé em Tiriri, é só pedir que ele dá." representa a intermediação e a proteção de Exu, não a subserviência que muitos lhe atribuem: ele "dá" (abre caminhos, auxilia, encaminha etc.) o que é do merecimento e de acordo com a Lei e o livre-arbítrio, mas não é empregado das vontades de quem lhe solicita algo. "Odara", em tradução livre e contextualizada, significa "formoso".

Pontos riscados
Por que não reproduzi-los

Muito mais do que meio de identificação de Orixás, Guias e Guardiões, os pontos riscados constituem fundamento de Umbanda, sendo instrumentos de trabalhos magísticos, riscados com pemba (giz), bordados em tecidos etc.

Funcionam como chaves, meios de comunicação entre os planos, proteção, tendo, ainda, diversas outras funções, tanto no plano dos encarnados quanto no da Espiritualidade.

O ponto riscado de um determinado Caboclo Pena Branca, por exemplo, embora tenha elementos comuns, poderá diferir do de outro Caboclo Pena Branca. Portanto, pontos riscados que aparecem nos mais diversos materiais de estudos de Umbanda servem de base para a compreensão do tema, mas não devem ser copiados.

De qualquer maneira, embora também possam variar, existem elementos comuns para os diversos Orixás (e, consequentemente, para as Linhas que regem), conforme a tabela abaixo:

Iansã	Raio, taça.
Ibejis	Brinquedos em geral, bonecos, carrinhos, pirulitos etc.
Iemanjá	Âncora, estrelas, ondas etc.

Nanã	Chave, ibiri.
Obaluaê	Cruzeiro das almas.
Ogum	Bandeira usada pelos cavaleiros, espada, instrumentos de combate, lança.
Oxalá	Representações da luz.
Oxóssi	Arco e flecha.
Oxum	Coração, lua etc.
Xangô	Machado.

O tridente é um elemento comum nos pontos riscados de Exus e Pombogiras.

Como existem particularidades nos pontos de cada Orixá, Guia ou Guardião (Guardiã), para que não haja mistificação nem se influencie médiuns, em especial em desenvolvimento, não se reproduzem aqui pontos riscados.

Em todos os meus trabalhos, adoto a mesma postura para banhos, assentamentos e outros, abordando apenas de modo genérico e abrangente determinados tópicos, embora outros autores o façam com respeito, propriedade e orientação espiritual.

Poema

Para o amigo Pai Evandro Fernandes

Seu Tiriri
O senhor sabe que eu cheguei
Me abriu a sua porteira
Em sua casa o senhor é rei
Dono da casa
O senhor sabe, estou aqui
Me tratou com cortesia
Dono da casa é Tiriri
Seu Tiriri
Chegou a hora de eu ir embora
Tiriri é companheiro
Estando eu dentro, estando eu fora

Ademir Barbosa Júnior
(Dermes)

Reflexões

Algumas reflexões/meditações a partir das característi-cas do Senhor Exu Tiriri.

Regeneração

Conforme a célebre frase de Allan Kardec, codificador da Doutrina Espírita, "Nascer, morrer, renascer ainda, progredir sempre, tal é a Lei.".

Todo instante é momento de recomeçar, consertar erros, saldar débitos e minimizar ou apagar dívidas por meio de ações, pensamento e sentimentos amorosos e generosos.

A regeneração é um processo que ensina a importância de cada passo rumo à evolução.

Instintos e sentimentos equilibrados

As sombras não devem ser negadas, mas integradas, como apontou Carl Gustav Jung.

Reconhecer as próprias sombras, os sentimentos mesqui-nhos, as inseguranças, as angústias etc. nos ajudam a traba-lhá-las. Se alguém tem inveja, não deve se sentir diminuído, mas humano: reconhecer a inveja e identificar suas raízes certamente o ajudará a curar-se dessa ferida.

Reciclagem

Tudo é energia e, muitas vezes, produzimos muito lixo emocional, espiritual etc. que precisa ser reciclado, convertido em amor, pensamentos positivos e inspiradores, atitudes completas que favoreçam a própria evolução e a dos demais, pois estamos todos conectados.

Em outras palavras, o lixo de um pode sujar o quintal do outro.

Humildade

Reconhecer os erros e os tropeços pode ser o primeiro passo para remediá-los. Afundar-se na culpa não é um bom caminho. Em vez disso, assumir a responsabilidade auxilia a equilibrar o indivíduo e a história que escreve a cada dia, a cada oportunidade, a cada existência.

Anexo

Umbanda

Em linhas gerais, etimologicamente, Umbanda é vocábulo que decorre do Umbundo e do Quimbundo, línguas africanas, com o significado de "arte de curandeiro", "ciência médica", "medicina". O termo passou a designar, genericamente, o sistema religioso que, dentre outros aspectos, assimilou elementos religiosos afro-brasileiros ao espiritismo urbano (Kardecismo).[2]

Quanto ao sentido espiritual e esotérico, Umbanda significa "luz divina" ou "conjunto das leis divinas". A magia branca praticada pela Umbanda remontaria, assim, a outras eras do planeta, sendo denominada pela palavra sagrada Aumpiram, transformada em Aumpram e, finalmente, Umbanda.

De qualquer maneira, houve quem tivesse anotado, durante a incorporação do Caboclo das Sete Encruzilhadas anunciando o nome da nova religião, o nome "Allabanda", substituído por "Aumbanda", em sânscrito, "Deus ao nosso lado." ou "O lado de Deus.".

---

[2]. Embora não seja consenso o uso do termo "Kardecismo" como sinônimo de "Espiritismo", ele é aqui empregado por ser mais facilmente compreendido.

A Umbanda, assim como o Candomblé, é religião, e não seita. "Seita" geralmente refere-se pejorativamente a grupos de pessoas com práticas espirituais que destoam das ortodoxas. A Umbanda é uma religião constituída, com fundamentos, teologia própria, hierarquia, sacerdotes e sacramentos. Suas sessões são gratuitas, voltadas ao atendimento holístico (corpo, mente, espírito) e à prática da caridade (fraterna, espiritual, material), sem proselitismo. Em sua liturgia e em seus trabalhos espirituais vale-se do uso dos quatro elementos básicos: fogo, terra, ar e água.

É muito interessante fazer o estudo comparativo da utilização dos elementos, tanto por encarnados como pela Espiritualidade, na Umbanda, no Candomblé, no Xamanismo, na Wicca, no Espiritismo (Vide obra de André Luiz.), na Liturgia Católica (Leia-se o trabalho de Geoffrey Hodson, sacerdote católico liberal.) etc.

Este é um breve histórico do nascimento oficial da Umbanda, embora, antes da manifestação do Caboclo das Sete Encruzilhadas e do trabalho de Zélio Fernandino, houvesse atividades religiosas semelhantes ou próximas, no que se convencionou chamar de macumba[3].

No Astral, a Umbanda antecipa-se em muito ao ano de 1908 e diversos segmentos localizam sua origem terrena em civilizações e continentes que já desapareceram.

Zélio Fernandino de Moraes, um rapaz de 17 anos que se preparava para ingressar na Marinha, em 1908 começou a ter aquilo que a família, residente em Neves, no Rio de Janeiro,

---

3. O termo aqui não possui obviamente conotação negativa.

considerava ataques. Os supostos ataques colocavam o rapaz na postura de um velho, que parecia ter vivido em outra época e dizia coisas incompreensíveis para os familiares; noutros momentos, Zélio parecia uma espécie de felino que demonstrava conhecer bem a natureza.

Após minucioso exame, o médico da família aconselhou que fosse ele atendido por um padre, uma vez que considerava o rapaz possuído. Um familiar achou melhor levá-lo a um centro espírita, o que realmente aconteceu: no dia 15 de novembro, Zélio foi convidado a tomar assento à mesa da sessão da Federação Espírita de Niterói, presidida à época por José de Souza.

Tomado por força alheia à sua vontade e infringindo o regulamento que proibia qualquer membro de ausentar-se da mesa, Zélio levantou-se e declarou: "Aqui está faltando uma flor.".

Deixou a sala, foi até o jardim e voltou com uma flor, que colocou no centro da mesa, o que provocou alvoroço. Na sequência dos trabalhos, manifestaram-se nos médiuns espíritos apresentando-se como negros escravos e índios.

O diretor dos trabalhos, então, alertou os espíritos sobre seu atraso espiritual, como se pensava comumente à época, e convidou-os a se retirarem. Novamente uma força tomou Zélio e advertiu: "Por que repelem a presença desses espíritos, se sequer se dignaram a ouvir suas mensagens? Será por causa de suas origens sociais e da cor?".

Durante o debate que se seguiu, procurou-se doutrinar o espírito, que demonstrava argumentação segura e sobriedade. Um médium vidente, então, lhe perguntou: "Por que o irmão fala nestes termos, pretendendo que a direção aceite a manifestação de espíritos que, pelo grau de cultura que tiveram, quando encarnados, são claramente atrasados? Por que fala deste modo, se estou vendo que me dirijo neste momento a um jesuíta e a sua veste branca reflete uma aura de luz? E qual o seu nome, irmão?".

Ao que o interpelado respondeu: "Se querem um nome, que seja este: sou o Caboclo das Sete Encruzilhadas, porque para mim, não haverá caminhos fechados. O que você vê em mim, são restos de uma existência anterior. Fui padre e o meu nome era Gabriel Malagrida. Acusado de bruxaria, fui sacrificado na fogueira da Inquisição em Lisboa, no ano de 1761. Mas em minha última existência física, Deus concedeu-me o privilégio de nascer como caboclo brasileiro.".

A respeito da missão que trazia da Espiritualidade, anunciou: "Se julgam atrasados os espíritos de pretos e índios, devo dizer que amanhã estarei na casa de meu aparelho, às 20 horas, para dar início a um culto em que estes irmãos poderão dar suas mensagens e, assim, cumprir a missão que o Plano Espiritual lhes confiou. Será uma religião que falará aos humildes, simbolizando a igualdade que deve existir entre todos os irmãos, encarnados e desencarnados.".

Com ironia, o médium vidente perguntou-lhe: "Julga o irmão que alguém irá assistir a seu culto?".

O Caboclo das Sete Encruzilhadas lhe respondeu: "Cada colina de Niterói atuará como porta-voz, anunciando o culto que amanhã iniciarei.". E concluiu: "Deus, em sua infinita Bondade, estabeleceu que na morte, a grande niveladora universal, rico ou pobre, poderoso ou humilde, todos se tornariam iguais, mas vocês, homens preconceituosos, não contentes em estabelecer diferenças entre os vivos, procuram

levar essas mesmas diferenças até mesmo além da barreira da morte. Por que não podem nos visitar esses humildes trabalhadores do espaço, se apesar de não haverem sido pessoas socialmente importantes na Terra, também trazem importantes mensagens do além?".

No dia seguinte, 16 de novembro, na casa da família de Zélio, à rua Floriano Peixoto, 30, perto das 20 horas, estavam os parentes mais próximos, amigos, vizinhos, membros da Federação Espírita e, fora da casa, uma multidão.

Às 20 horas manifestou-se o Caboclo das Sete Encruzilhadas e declarou o início do novo culto, no qual os espíritos de velhos escravos, que não encontravam campo de atuação em outros cultos africanistas, bem como de indígenas nativos do Brasil trabalhariam em prol dos irmãos encarnados, independentemente de cor, raça, condição social e credo.

No novo culto, encarnados e desencarnados atuariam motivados por princípios evangélicos e pela prática da caridade.

O Caboclo das Sete Encruzilhadas também estabeleceu as normas do novo culto: as sessões seriam das 20 horas às 22 horas, com atendimento gratuito e os participantes uniformizados de branco. Quanto ao nome, seria Umbanda: Manifestação do Espírito para a Caridade.

A casa que se fundava teria o nome de Nossa Senhora da Piedade, inspirada em Maria, que recebeu os filhos nos braços. Assim, a casa receberia todo aquele que necessitasse de ajuda e conforto. Após ditar as normas, o Caboclo respondeu a perguntas em latim e alemão formuladas por sacerdotes ali presentes. Iniciaram-se, então, os atendimentos, com diversas curas, inclusive a de um paralítico.

No mesmo dia, manifestou-se em Zélio um Preto-Velho chamado Pai Antônio, o mesmo que havia sido considerado efeito da suposta loucura do médium.

Com humildade e aparente timidez, recusava-se a sentar-se à mesa, com os presentes, argumentando: "Nêgo num senta não, meu sinhô, nêgo fica aqui mesmo. Isso é coisa de sinhô branco e nêgo deve arrespeitá.". Após insistência dos presentes, respondeu: "Num carece preocupá, não. Nêgo fica no toco, que é lugá de nêgo.".[4]

Continuou com palavras de humildade, quando alguém lhe perguntou se sentia falta de algo que havia deixado na Terra, ao que ele respondeu: "Minha cachimba. Nêgo qué o pito que deixou no toco. Manda mureque buscá.".

Solicitava, assim, pela primeira vez, um dos instrumentos de trabalho da nova religião. Também foi o primeiro a solicitar uma guia, até hoje usada pelos membros da Tenda, conhecida carinhosamente como Guia de Pai Antônio.

No dia seguinte, houve verdadeira romaria à casa da família de Zélio. Enfermos encontravam a cura, todos se sentiam confortados, médiuns até então considerados loucos encontravam terreno para desenvolver os dons mediúnicos.

O Caboclo das Sete Encruzilhadas dedicou-se, então, a esclarecer e divulgar a Umbanda, auxiliado diretamente por Pai Antônio e pelo Caboclo Orixá Malê, experiente na anulação de trabalhos de baixa magia.

No ano de 1918, o Caboclo das Sete Encruzilhadas recebeu ordens da Espiritualidade para fundar sete tendas, assim

---

4. Certamente trata-se de um convite à humildade, e não de submissão e dominação racial.

denominadas: Tenda Espírita Nossa Senhora da Guia, Tenda Espírita Nossa Senhora da Conceição, Tenda Espírita Santa Bárbara, Tenda Espírita São Pedro, Tenda Espírita Oxalá, Tenda Espírita São Jorge e Tenda Espírita São Jerônimo. Durante a encarnação de Zélio, a partir dessas primeiras tendas, foram fundadas outras 10 mil.

Mesmo não seguindo a carreira militar, pois o exercício da mediunidade não lhe permitira, Zélio nunca fez da missão espiritual uma profissão. Pelo contrário, chegava a contribuir financeiramente, com parte do salário, para as tendas fundadas pelo Caboclo das Sete Encruzilhadas, além de auxiliar os que se albergavam em sua casa. Também por conselho do Caboclo, não aceitava cheques e presentes.

Por determinação do Caboclo, a ritualística era simples: cânticos baixos e harmoniosos, sem palmas ou atabaques, sem adereços para a vestimenta branca e, sobretudo, sem corte (sacrifício de animais). A preparação do médium pautava-se pelo conhecimento da doutrina, com base no Evangelho, banhos de ervas, amacis e concentração nos pontos da natureza.

Com o tempo e a diversidade ritualística, outros elementos foram incorporados ao culto, no que tange ao toque, canto e palmas, às vestimentas e mesmo a casos de sacerdotes umbandistas que passaram a dedicar-se integralmente ao culto, cobrando, por exemplo, pelo jogo de búzios onde o mesmo é praticado, porém sem nunca deixar de atender àqueles que não podem pagar pelas consultas.

Mas as sessões permanecem públicas e gratuitas, pautadas pela caridade, pela doação dos médiuns. Algumas casas, por influência dos Cultos de Nação, praticam o corte, contudo

essa é uma das maiores diferenças entre a Umbanda dita tradicional e as casas que se utilizam de tal prática.

Depois de 55 anos à frente da Tenda Nossa Senhora da Piedade, Zélio passou a direção para as filhas Zélia e Zilméa, continuando, porém, a trabalhar juntamente com sua esposa, Isabel (médium do Caboclo Roxo), na Cabana de Pai Antônio, em Boca do Mato, em Cachoeira de Macacu, no Rio de Janeiro.

Zélio Fernandino de Moraes faleceu no dia 03 de outubro de 1975, após 66 anos dedicados à Umbanda, que muito lhe agradece.

Embora chamada popularmente de religião de matriz africana, na realidade, a Umbanda é um sistema religioso formado de diversas matrizes, com diversos elementos cada:

Matrizes	Elementos mais conhecidos
Africanismo	Culto aos Orixás, trazidos pelos negros escravos, em sua complexidade cultural, espiritual, medicinal, ecológica etc. e culto aos Pretos-Velhos.
Cristianismo	Uso de imagens, orações e símbolos católicos. A despeito de existir uma Teologia de Umbanda, própria e característica, algumas casas vão além do sincretismo, utilizando-se mesmo de dogmas católicos.[5]

---

5. Há, por exemplo, casas de Umbanda com fundamentos teológicos próprios, enquanto outras rezam o terço com os mistérios baseados nos dogmas católicos e/ou se utilizam do Credo Católico, onde se afirma a fé na Igreja Católica (Conforme indicam Guias, Entidades e a própria etimologia, leia-se "católica" como "universal", isto é, a grande família humana.), na Comunhão dos Santos, na ressurreição da carne, dentre outros tópicos da fé católica. Isso em nada invalida a fé, o trabalho dos Orixás, das Entidades, das Egrégoras de Luz formadas pelo espírito, e não pela letra da recitação amorosa e com fé do Credo Católico.

Matrizes	Elementos mais conhecidos
Indianismo	Pajelança; emprego da sabedoria indígena ancestral em seus aspectos culturais, espirituais, medicinais, ecológicos etc.; culto aos caboclos indígenas ou de pena.
Kardecismo	Estudo dos livros da Doutrina Espírita, bem como de sua vasta bibliografia; manifestação de determinados espíritos e suas Egrégoras, mais conhecidas no meio Espírita, como os médicos André Luiz e Bezerra de Menezes. Utilização de imagens e bustos de Allan Kardec, Bezerra de Menezes e outros; estudo sistemático da mediunidade; palestras públicas.
Orientalismo	Estudo, compreensão e aplicação de conceitos como prana, chacra e outros; culto à Linha Cigana – que em muitas casas vem, ainda, em linha independente, dissociada da chamada Linha do Oriente.

Por seu caráter ecumênico, de flexibilidade doutrinária e ritualística, a Umbanda é capaz de reunir elementos os mais diversos, como os sistematizados.

Mais adiante, ao se tratar das Linhas da Umbanda, veremos que esse movimento agregador é incessante: como a Umbanda permanece de portas abertas aos encarnados e aos espíritos das mais diversas origens étnicas e evolutivas, irmãos de várias religiões chegam aos seus templos em busca de saúde, paz e conforto espiritual, bem como outras falanges espirituais juntam-se à sua organização.

Aspectos da Teologia de Umbanda

Monoteísmo	Crença num Deus único (Princípio Primeiro, Energia Primeira etc.), conhecido principalmente como Olorum (influência iorubá) ou Zâmbi (influência Angola).
Crença nos Orixás	Divindades/ministros de Deus, ligadas a elementos e pontos de força da natureza, orientadores dos Guias e das Entidades, bem como dos encarnados.
Crença nos Anjos	Enquanto figuras sagradas (e não divinas) são vistas ou como seres especiais criados por Deus (Influência do Catolicismo.), ou como espíritos bastante evoluídos (Influência do Espiritismo/Kardecismo.).
Crença em Jesus Cristo	Vindo na Linha de Oxalá e, por vezes, confundido com o próprio Orixá, Jesus é visto ou como Filho Único e Salvador (Influência do Catolicismo/do Cristianismo mais tradicional.), ou como o mais evoluído dos espíritos que encarnaram no planeta, do qual, aliás, é governador (Influência do Espiritismo/Kardecismo.).
Crença na ação dos espíritos	Os espíritos, com as mais diversas vibrações, agem no plano físico. A conexão com eles está atrelada à vibração de cada indivíduo, razão pela qual é necessário estar sempre atento ao "Orai e vigiai." preconizado por Jesus.
Crença nos Guias e nas Entidades	Responsáveis pela orientação dos médiuns, dos terreiros, dos consulentes e outros, sua atuação é bastante ampla. Ao auxiliarem a evolução dos encarnados, colaboram com a própria evolução.

Aspectos da Teologia de Umbanda

Crença na reencarnação	As sucessivas vidas contribuem para o aprendizado, o equilíbrio e a evolução de cada espírito.
Crença na Lei de Ação e Reação	Tudo o que se planta, se colhe. A Lei de Ação e Reação é respaldada pelo princípio do livre-arbítrio.
Crença na mediunidade	Todos somos médiuns, com dons diversos (de incorporação, de firmeza, de intuição, de psicografia etc.).

Nas religiões de matriz africana há uma diversidade muito grande: do Candomblé para Umbanda; de casa da mesma religião para outra casa; de região para região; de qualidade de um Orixá para outra do mesmo Orixá etc.

Além disso, por razões históricas, culturais e de resistência e manutenção do culto, os adeptos precisaram (e precisam) se adaptar constantemente. Nem sempre, por exemplo, o que se fazia em África, ou na senzala, é feito, hoje, numa Casa de Santo.

Nada no culto aos Orixás é feito sem orientação direta da própria Espiritualidade ou dos dirigentes espirituais. Uma planta que serve para banho nem sempre serve para outra função. Existem as incompatibilidades e as particularidades de cada qualidade de Orixá. O nome de uma planta votiva pode mudar em outras regiões.

Enfim, as diversidades precisam ser respeitadas. Considerando-as como foco para a unidade; não se deve aventurar-se em qualquer prática sem a devida orientação, a fim de não haver choque energético. A sabedoria pressupõe humildade, diálogo e paciência.

Legislação

Como visto, a Umbanda, oficialmente, nasce do brado de um Caboclo, o Caboclo das Sete Encruzilhadas.

Em memória a esse fato, vejam-se alguns importantes marcos legais para o respeito à liberdade de culto das religiões de matriz africana:

- Constituição Federal de 1988 – artigos 3º, 4º, 5º, 215 e 216;
- Lei 9.459, de 13 de maio de 1997 (injúria racial);
- Lei 10.639, de 09 de janeiro de 2003 (Obrigatoriedade da inclusão da temática História e Cultura Afro-brasileira no currículo oficial da rede de ensino.);
- Lei 10.678, de 23 de maio de 2003 (Cria a Secretaria de Políticas de Promoção da Igualdade Racial.);
- Decreto 4.886, de 20 de novembro de 2003 (Instituição da Política Nacional de Promoção da Igualdade Racial.);
- Decreto 5.051, de 19 de abril de 2004 (Promulgação da Convenção 169 da Organização Internacional do Trabalho.);
- Resolução número 1, de 17 de junho de 2004, do Conselho Nacional de Educação (Diretrizes curriculares para educação das relações étnico-raciais e para o ensino de história e cultura afro-brasileira e africana.);

- Decreto 6.040, de 07 de fevereiro de 2007 (Instituição da Política Nacional de Desenvolvimento Sustentável dos Povos e Comunidades Tradicionais.);

- Decreto 6.177, de 1º de agosto de 2007 (Promulga a Convenção sobre a Proteção e Promoção da Diversidade das Expressões Culturais da Organização das Nações Unidas para a Educação, a Ciência e a Cultura – UNESCO.);

- Portaria 992, de 13 de maio de 2009 (Instituição da Política Nacional de Saúde Integral da População Negra.);

- Decreto 6.872, de 04 de junho de 2009 (Instituição do Plano Nacional de Promoção da Igualdade Racial.);

- Lei 12.288, de 20 de julho de 2010 (Estatuto da Igualdade Racial);

- Decreto 7.271, de 25 de agosto de 2010 (Diretrizes e objetivos da Política Nacional de Segurança Alimentar e Nutricional.).

- No dia 16 de maio de 2012 foi instituído pela presidenta Dilma Rousseff o dia Nacional da Umbanda (Lei 12.644). O projeto original é do deputado federal Carlos Santana (PL 5.687/2005). A data celebra as comunicações do Caboclo das Sete Encruzilhadas, por meio de Zélio Fernandino de Moraes, numa sessão espírita, quando o referido Caboclo anunciou sua missão seria estabelecer um culto em que espíritos de negros e índios pudessem trabalhar conforme as diretrizes do Astral. Mesmo antes da instituição da lei federal, diversas cidades brasileiras, amparadas por leis municipais, já comemoravam oficialmente a data.

Bibliografia

Livros

AFLALO, Fred. *Candomblé: uma visão do mundo*. São Paulo: Mandarim, 1996. 2 ed.

BARBOSA JÚNIOR, Ademir. *A Bandeira de Oxalá – pelos caminhos da Umbanda*. São Paulo: Nova Senda, 2013.

_____. *Curso essencial de Umbanda*. São Paulo: Universo dos Livros, 2011.

_____. *O essencial do Candomblé*. São Paulo: Universo dos Livros, 2011.

_____. *Guia prático de plantas medicinais*. São Paulo: Universo dos Livros, 2005.

_____. *Mitologia dos Orixás: lições e aprendizados*. São Bernardo do Campo: Anúbis, 2014.

_____. *Nanã*. São Bernardo do Campo: Anúbis, 2014.

_____. *Novo Dicionário de Umbanda*. São Paulo: Nova Senda, 2014.

_____. *Obaluaê*. São Bernardo do Campo: Anúbis, 2014.

_____. *Oxumaré*. São Bernardo do Campo: Anúbis, 2014.

_____. *Para conhecer a Umbanda*. São Paulo: Universo dos Livros, 2013.

_____. *Para conhecer o Candomblé*. São Paulo: Universo dos Livros, 2013.

_____. *Reiki: A Energia do Amor*. São Paulo: Nova Senda, 2014.

_____. *Transforme sua vida com a Numerologia*. São Paulo: Universo dos Livros, 2006.

_____. *Umbanda – um caminho para a Espiritualidade*. São Bernardo do Campo: Anúbis, 2014.

_____. *Xangô*. São Paulo: Universo dos Livros, 2013.

_____. *Xirê: orikais – canto de amor aos orixás*. Piracicaba: Editora Sotaque Limão Doce, 2010.

BARCELLOS, Mario Cesar. *Os Orixás e a personalidade humana*. Rio de Janeiro: Pallas, 2007. 4 ed.

BORDA, Inivio da Silva et al. (org.). *Apostila de Umbanda*. São Vicente: Cantinho dos Orixás, s/d.

CABOCLO OGUM DA LUZ (Espírito). *Ilê Axé Umbanda*. São Bernardo do Campo: Anúbis, 2011. Psicografado por Evandro Mendonça.

CACCIATORE, Olga Gudolle. *Dicionário de Cultos Afro-brasileiros*. Rio de Janeiro: Forense Universitária, 1977.

CAMARGO, Adriano. *Rituais com ervas: banhos, defumações e benzimentos*. Rio de Janeiro: Livre Expressão, 2013. 2 ed.

CAMPOS JR., João de. *As religiões afro-brasileiras: diálogo possível com o cristianismo*. São Paulo: Editora Salesiana Dom Bosco, 1998.

CARYBÉ. *Iconografia dos deuses africanos no Candomblé da Bahia*. São Paulo: Editora Raízes, 1980. (Com textos de Jorge Amado, Pierre Verger e Valdeloir Rego.)

CHEVALIER, Jean e GHEERBRANT, Alain (orgs.). *Dicionário de símbolos*. Rio de Janeiro: José Olympio, 2008. Tradução: Vera da Costa e Silva et al. 22 ed.

CIPRIANO DO CRUZEIRO DAS ALMAS (Espírito). *O Preto Velho Mago: conduzindo uma jornada evolutiva.* São Paulo: Madras, 2014. Psicografado por André Cozta.

CONGO, Pai Thomé do (Espírito). *Relatos umbandistas.* São Paulo: Madras, 2013. Anotações por André Cozta.)

CORRAL, Janaína Azevedo. *As Sete Linhas da Umbanda.* São Paulo: Universo dos Livros, 2010.

_____. *Tudo o que você precisa saber sobre Umbanda* (volumes 1, 2 e 3). São Paulo: Universo dos Livros, 2010.

FAUR, Mirella. *Mistérios nórdicos: deuses, runas, magias, rituais.* São Paulo: Pensamento, 2007.

FERAUDY, Roger. (Obra mediúnica orientada por Babajiananda/PaiTomé.) *Umbanda, essa desconhecida.* Limeira: Editora do Conhecimento, 2006. 5 ed.

D´IANSÃ, Eulina. *Reza forte.* Rio de Janeiro: Pallas, 2008. 4 ed.

LEONEL (Espírito) e Mônica de Castro (médium). *Jurema das Matas.* São Paulo: Vida & Consciência, 2011.

LIMAS, Luís Filipe de. *Oxum: a mãe da água doce.* Rio de Janeiro: Pallas, 2007.

LINARES, Ronaldo (org.). *Iniciação à Umbanda.* São Paulo: Madras, 2008.

_____. *Jogo de Búzios.* São Paulo: Madras, 2007.

LOPES, Nei. *Enciclopédia brasileira da Diáspora Africana.* São Paulo: Selo Negro, 2004.

LOURENÇO, Eduardo Augusto. *Pineal, a glândula da vida espiritual – as novas descobertas científicas.* Limeira: Editora do Conhecimento, 2010.

MAGGIE, Yvonne. *Guerra de Orixá: um estudo de ritual e conflito.* Rio de Janeiro: Jorge Zahar Editor, 2001. 3 ed.

MALOSSINI, Andrea. *Dizionario dei Santi Patroni*. Milano: Garzanti, 1995.

MARTÍ, Agenor. *Meus oráculos divinos: revelações de uma sibila afrocubana*. Rio de Janeiro: Bertrand Brasil, 1994. (Tradução de Rosemary Moraes.)

MARTINS, Cléo. *Euá*. Rio de Janeiro: Pallas, 2001.

_____. *Nanã*. Rio de Janeiro: Pallas, 2001.

MARTINS, Giovani. *Umbanda de Almas e Angola*. São Paulo: Ícone, 2011.

_____. *Umbanda e Meio Ambiente*. São Paulo: Ícone, 2014.

MARSICANO, Alberto e VIEIRA, Lurdes de Campos. *A Linha do Oriente na Umbanda*. São Paulo: Madras, 2009.

MOURA, Carlos Eugênio M. de (org). *Candomblé: religião do corpo e da alma*. Rio de Janeiro: Pallas, 2000.

_____. *Culto aos Orixás, Voduns e Ancestrais nas Religiões Afro-brasileiras*. Rio de Janeiro: Pallas, 2006.

MUNANGA, Kabengelê e GOMES, Nilma Lino. *Para entender o negro no Brasil de hoje: história, realidades, problemas e caminhos*. São Paulo: Global: Ação Educativa Assessoria, Pesquisa e Informação, 2004.

NAPOLEÃO, Eduardo. *Yorùbá – para entender a linguagem dos orixás*. Rio de Janeiro: Pallas, 2010.

NASCIMENTO, Elídio Mendes do. *Os poderes infinitos da Umbanda*. São Paulo: Rumo, 1993.

NEGRÃO, Lísias. *Entre a cruz e a encruzilhada*. São Paulo: Edusp, 1996.

OMOLUBÁ. *Maria Molambo na sombra e na luz*. São Paulo: Cristális, 2002. 10 ed.

ORPHANAKE, J. Edson. *Os Pretos-Velhos*. São Paulo: Pindorama, 1994.

OXALÁ, Miriam de. *Umbanda: crença, saber e prática*. Rio de Janeiro: Pallas, 2007. 2 ed.

PARANHOS, Roger Bottini (Ditado pelo espírito Hermes.). *Universalismo crístico*. Limeira: Editora do Conhecimento, 2007.

PIACENTE, Joice (médium). *Dama da Noite*. São Paulo: Madras, 2013.

_____. *Sou Exu! Eu sou a Luz*. São Paulo: Madras, 2013.

PINTO, Altair. *Dicionário de Umbanda*. Rio de Janeiro: Livraria Editora Eco, 1971.

PIRES, Edir. *A Missionária*. Capivari: Editora EME, 2006.

PORTUGAL FILHO, Fernandez. *Magias e oferendas afro-brasileiras*. São Paulo: Madras, 2004.

PRANDI, Reginaldo. *Mitologia dos Orixás*. São Paulo: Companhia das Letras, 2001.

RAMATÍS (Espírito) e PEIXOTO, Norberto (médium). *Chama crística*. Limeira: Editora do Conhecimento, 2004. 3 ed.

_____. *Diário mediúnico*. Limeira: Editora do Conhecimento, 2009.

_____. *Evolução no Planeta Azul*. Limeira: Editora do Conhecimento, 2005. 2 ed.

_____. *Mediunidade e sacerdócio*. Limeira: Editora do Conhecimento, 2010.

_____. *A Missão da Umbanda*. Limeira: Editora do Conhecimento, 2006.

_____. *Umbanda de A a Z*. Limeira: Editora do Conhecimento, 2011. (Org.: Sidnei Carvalho.)

_____. *Umbanda pé no chão.* Limeira: Editora do Conhecimento, 2005.

_____. *Vozes de Aruanda.* Limeira: Editora do Conhecimento, 2005. 2 ed.

RIBEIRO, Darcy. *O povo brasileiro: a formação e o sentido do Brasil.* São Paulo: Companhia das Letras, 1995. 2 ed.

RISÉRIO, Antonio. *Oriki Orixá.* São Paulo: Perspectiva, 1996.

RUDANA, Sibyla. *Os mistérios de Sara: o retorno da Deusa pelas mãos dos ciganos.* São Paulo: Cristális, 2004.

SAMS, Jamie. *As cartas do caminho sagrado.* Rio de Janeiro: Rocco, 2003. (Tradução de Fabio Fernandes.)

SALES, Nívio Ramos. *Búzios: a fala dos Orixás.* Rio de Janeiro: Pallas, 2005. 2 ed.

SANTANA, Ernesto (Org.). *Orações umbandistas de todos os tempos.* Rio de Janeiro: Pallas, 2006. 4 ed.

SANTOS, Orlando J. *Orumilá e Exu.* Curitiba, Editora Independente, 1991.

SARACENI, Rubens. *Rituais umbandistas: oferendas, firmezas e assentamentos.* São Paulo: Madras, 2007.

SELJAN, Zora A. O. *Iemanjá: Mãe dos Orixás.* São Paulo: Editora Afro-brasileira, 1973.

SILVA, Carmen Oliveira da. *Memorial Mãe Menininha do Gantois.* Salvador: Ed. Omar G., 2010.

SILVA, Vagner Gonçalves da. *Candomblé e Umbanda: caminhos da devoção brasileira.* São Paulo: Ática, 1994.

SOUZA, Leal de. *O Espiritismo, A Magia e As Sete Linhas de Umbanda.* Limeira: Editora do Conhecimento, 2008. 2 ed.

_____. *Umbanda Sagrada.* São Paulo: Madras, 2006. 3 ed.

SOUZA, Marina de Mello. *África e Brasil Africano*. São Paulo: Ática, 2008.

SOUZA, Ortiz Belo de. *Umbanda na Umbanda*. São Paulo: Editora Portais de Libertação, 2012.

TAQUES, Ivoni Aguiar (Taques de Xangô). *Ilê-Ifé: de onde viemos*. Porto Alegre: Artha, 2008.

TAVARES, Ildásio. *Xangô*. Rio de Janeiro: Pallas, 2002. 2 ed.

VVAA. *Educação Ambiental e a Prática das Religiões de Matriz Africana*. Piracicaba, 2011. (cartilha)

VVAA. *Orientações e Ações para a Educação das Relações Étnico--Raciais*. Brasília: SECAD, 2006.

VVAA. *Plano Nacional de Desenvolvimento Sustentável dos Povos e Comunidades Tradicionais de Matriz Africana 2013 – 2015*. Brasília: Secretaria de Políticas de Promoção da Igualdade Racial, 2013.

VERGER, Pierre. *Orixás – deuses iorubás na África e no Novo Mundo*. Salvador: Corrupio, 2002. (Tradução de Maria Aparecida da Nóbrega.) 6 ed.

WADDELL, Helen (tradução). *Beasts and Saints*. London: Constable and Company Ltd., 1942.

Jornais e revistas

A sabedoria dos Orixás – volume I, s/d.

Folha de São Paulo, 15 de julho de 2011, p. E8.

Jornal de Piracicaba, 23 de janeiro de 2011, p. 03.

Revista Espiritual de Umbanda – número 02, s/d.

Revista Espiritual de Umbanda – Especial 03, s/d.

Revista Espiritual de Umbanda – número 11, s/d.

Sítios na internet

http://alaketu.com.br

http://aldeiadepedrapreta.blogspot.com

http://answers.yahoo.com

http://apeuumbanda.blogspot.com

http://babaninodeode.blogspot.com

http://catolicaliberal.com.br

http://centropaijoaodeangola.net

http://colegiodeumbanda.com.br

http://comunidadeponteparaaliberdade.blogspot.com.br

http://espaconovohorizonte.blogspot.com.br/p/aumbanda-umbanda-esoterica.html

http://eutratovocecura.blogspot.com.br

http://fogoprateado-matilda.blogspot.com.br

http://umbandadejesus.blogspot.com.br

http://fotolog.terra.com.br/axeolokitiefon

http://jimbarue.com.br

http://juntosnocandomble.blogspot.com

http://letras.com.br

http://luzdivinaespiritual.blogspot.com.br

http://mundoaruanda.com

http://ocandomble.wordpress.com

http://ogumexubaraxoroque.no.comunidades.net

http://okeaparamentos.no.comunidades.net

http://opurgatorio.com

http://orixasol.blogspot.com

http://oyatopeogumja.blogspot.com

http://povodearuanda.blogspot.com

http://povodearuanda.com.br

http://pt.fantasia.wikia.com

http://pt.wikipedia.org

http://religioesafroentrevistas.wordpress.com

http://templodeumbandaogum.no.comunidades.net

http://tuex.forumeiros.com

http://xango.sites.uol.com.br

http://www1.folha.uol.com.br

http://www.brasilescola.com

http://www.desvendandoaumbanda.com.br

http://www.dicio.com.br

http://www.genuinaumbanda.com.br

http://www.guardioesdaluz.com.br

http://www.igrejadesaojorge.com.br

http://www.ileode.com.br

http://www.kakongo.kit.net

http://www.maemartadeoba.com.br

http://www.oldreligion.com.br

http://www.oriaxe.com.br

http://www.orunmila.org.br

http://www.pescanordeste.com.br

http://www.priberam.pt

http://www.religiosidadepopular.uaivip.com.br

http://www.siteamigo.com/religiao

http://www.terreirodavobenedita.com

http://www.tuccaboclobeiramar.com.br

O autor

Ademir Barbosa Júnior (Dermes) é umbandista e pesquisador de religiosidade afro-brasileira, membro do Conselho de Participação e Desenvolvimento da Comunidade Negra de Piracicaba, do Coletivo Saravaxé e das diretorias do Movimento Político Umbandista e do Superior Órgão Internacional de Umbanda e dos Cultos Afro – Seção São Paulo. É presidente da Associação Brasileira de Escritores Afro-religiosos (Abeafro) e do Congresso Nacional de Umbanda 2015, bem como dos fóruns nacionais e internacionais de preparação para o referido Congresso. É, ainda, idealizador e um dos coordenadores do Fórum Municipal das Religiões de Matriz Africana de Piracicaba. Autor de inúmeros livros e revistas especializadas, produziu diversos curtas-metragens com a temática dos Orixás. Coordena o curso virtual "Mídia e Religiosidade Afrobrasileira" (EAD Cobra Verde – Florianópolis, SC). Em 2012 recebeu o Troféu Abolição (Instituto Educacional Ginga – Limeira, SP). Em 2013, o Diploma Cultura de Paz – Categoria Diálogo Inter-religioso (Fundação Graça Muniz – Salvador, BA).

Outras publicações

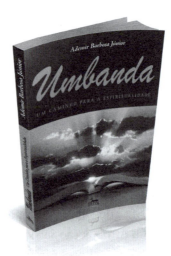

UMBANDA – UM CAMINHO PARA A ESPIRITUALIDADE

Ademir Barbosa Júnior (Dermes)

Este livro traz algumas reflexões sobre a Espiritualidade das Religiões de Matriz Africana, notadamente da Umbanda e do Candomblé. São pequenos artigos disponibilizados em sítios na internet, notas de palestras e bate-papos, trechos de alguns de meus livros.

Como o tema é amplo e toca a alma humana, independentemente de segmento religioso, acrescentei dois textos que não se referem especificamente às Religiões de Matriz Africana, porém complementam os demais: "Materialização: fenômeno do algodão" e "Espiritualidade e ego sutil".

Espero que, ao ler o livro, o leitor se sinta tão à vontade como se pisasse num terreiro acolhedor.

Formato: 16 x 23 cm – 144 páginas

MITOLOGIA DOS ORIXÁS – LIÇÕES E APRENDIZADOS
Ademir Barbosa Júnior (Dermes)

O objetivo principal deste livro não é o estudo sociológico da mitologia iorubá, mas a apresentação da rica mitologia dos Orixás, que, aliás, possui inúmeras e variadas versões.

Não se trata também de um estudo do Candomblé ou da Umbanda, embora, evidentemente, reverbere valores dessas religiões, ditas de matriz africana.

Foram escolhidos alguns dos Orixás mais conhecidos no Brasil, mesmo que nem todos sejam direta e explicitamente cultuados, além de entidades como Olorum (Deus Supremo iorubá) e as Iya Mi Oxorongá (Mães Ancestrais), que aparecem em alguns relatos.

Formato: 16 x 23 cm – 144 páginas

Outras publicações

SARAVÁ OBALUAÊ

Ademir Barbosa Júnior (Dermes)

Orixá Obaluaê é filho de Nanã, irmão de Iroko e Oxumaré, tem o corpo e o rosto cobertos por palha-da-costa, a fim de esconder as marcas da varíola; ou, sendo outras lendas, por ter o brilho do próprio Sol e não poder ser olhado de frente.

Foi criado por Iemanjá, pois Nanã o rejeitara por ser feio, manco e com o corpo coberto de feridas.

Orixá responsável pelas passagens de plano para plano, de dimensão para dimensão, da carne para o espírito, do espírito para a carne.

Neste livro o leitor encontrará esclarecimentos e dúvidas como símbolos, cores, planetas e muito mais curiosidades ligados ao Orixá Obaluaê.

Formato: 14 x 21 cm – 144 páginas

SARAVÁ OGUM
Ademir Barbosa Júnior (Dermes)

Ogum é o Orixá do sangue que sustenta o corpo, da espada, da forja e do ferro, é padroeiro daqueles que manejam ferramentas, tais como barbeiros, ferreiros, maquinistas de trem, mecânicos, motoristas de caminhão, soldados e outros.

Patrono dos conhecimentos práticos e da tecnologia, simboliza a ação criadora do homem sobre a natureza, a inovação e a abertura de caminhos em geral.

Neste livro o leitor encontrará esclarecimentos e dúvidas como simbolos, cores, planetas e muito mais curiosidades ligados ao Orixá Ogum!

Formato: 14 x 21 cm = 144 páginas

Outras publicações

SARAVÁ OXÓSSI

Ademir Barbosa Júnior (Dermes)

Oxóssi é associado ao frio, à noite e à lua, suas plantas são refrescantes. Ligado à floresta, à árvore, aos antepassados, Oxóssi, enquanto caçador, ensina o equilíbrio ecológico, e não o aspecto predatório da relação do homem com a natureza, a concentração, a determinação e a paciência necessárias para a vida ao ar livre.

Rege a lavoura e a agricultura.

Na Umbanda, de modo geral, amalgamou-se ao Orixá Ossaim no que toca aos aspectos medicinais, espirituais e ritualísticos das folhas e plantas.

Neste livro o leitor encontrará esclarecimentos e dúvidas como simbolos, cores, planetas e muito mais curiosidades ligados ao Orixá Oxóssi.

Formato: 14 x 21 cm – 144 páginas

SARAVÁ OXUM

Ademir Barbosa Júnior (Dermes)

Oxum é o Orixá do feminino, da feminilidade, da fertilidade; ligada ao rio de mesmo nome, em especial em Oxogbô, Ijexá (Nigéria).

Senhora das águas doces, dos rios, das águas quase paradas das lagoas não pantanosas, das cachoeiras e, em algumas qualidades e situações, também da beira-mar.

Perfumes, joias, colares, pulseiras e espelhos alimentam sua graça e beleza. Senhora do ouro (na África, cobre), das riquezas, do amor.

Orixá da fertilidade, da maternidade, do ventre feminino

Neste livro o leitor encontrará esclarecimentos e dúvidas como simbolos, cores, planetas e muito mais curiosidades ligados ao Orixá Oxum.

Formato: 14 x 21 cm – 144 páginas

Outras publicações

SARAVÁ OXUMARÉ
Ademir Barbosa Júnior (Dermes)

Oxumaré é o responsável pela sustentação do mundo, controla o movimento dos astros e oceanos.

Representa o movimento, a fertilidade, o continuum da vida: Oxumaré é a cobra que morde a própria cauda, num ciclo constante.

Oxumaré carrega as águas dos mares para o céu para a formação das chuvas. É o arco-íris, a grande cobra colorida.

Também é associado ao cordão umbilical, pois viabiliza a comunicação entre os homens, o mundo dito sobrenatural e os antepassados.

Neste livro o leitor encontrará esclarecimentos e dúvidas como simbolos, cores, planetas e muito mais curiosidades ligados ao Orixá Oxumaré.

Formato: 14 x 21 cm – 144 páginas

SARAVÁ XANGÔ

Ademir Barbosa Júnior (Dermes)

Xangô é o Orixá da Justiça. Justiça com compaixão: uma vivência cotidiana. Xangô é dança, é expressão, é eloquência em todos os sentidos, não apenas da palavra. Xangô quer falar, rodar, brincar, ser visto.

Orixá do fogo, do raio, do trovão, faísca que pode provocar incêndio. Paixão, devoção, plenitude de potencialidades, fogo que prova de si mesmo e, por isso, não se queima. Sensibilidade à flor da pele, lava que se assenta para ouvir melhor e argumentar, em vez de explodir, em exercício de impassibilidade de pedra. Montanha que se alcança com passos precisos, pois do alto a vista é maior. Fogo que se alimenta de si: Xangô.

Neste livro o leitor encontrará esclarecimentos e dúvidas como símbolos, cores, planetas e muito mais curiosidades ligados ao Orixá Xangô.

Formato: 14 x 21 cm – 144 páginas

Dúvidas, sugestões e esclarecimentos
E-mail: ademirbarbosajunior@yahoo.com.br

Distribuição exclusiva

www.aquarolibooks.com.br